COLLECTION DASSY

(DE MEAUX)

COLLECTION DASSY

(de Meaux)

CONDITIONS DE LA VENTE

Elle sera faite au comptant.

Les Acquéreurs paieront, en sus des adjudications, CINQ POUR CENT.

CATALOGUE

DE

MONNAIES ROYALES

SEIGNEURIALES DE FRANCE

MONNAIES ROMAINES, ÉTRANGÈRES, &c

FORMANT LA COLLECTION

DE FEU M. DASSY DE MEAUX

DONT LA VENTE AUX ENCHÈRES PUBLIQUES AURA LIEU

RUE DROUOT, N° 5, SALLE N° 5

Le Lundi 3 Mai & jours suivants

A UNE HEURE 1/2 TRÈS-PRÉCISE

Me **DELBERGUE-CORMONT**, Commissaire-Priseur, 8, rue de Provence,
Assisté de MM. **ROLLIN** et **FEUARDENT**, Experts, rue Vivienne, 12, à Paris,
et à Londres, Hay-Market, 27,

CHEZ LESQUELS SE DISTRIBUE LE PRÉSENT CATALOGUE

EXPOSITION PUBLIQUE

Le Dimanche 2 Mai de une heure à cinq heures

PARIS

TYPOGRAPHIE A.-E. ROCHETTE ET Cie

72-80, Boulevard Montparnasse, 72-80

1869

La célèbre collection que nous sommes chargés de mettre en vente est tellement connue de tous les savants (1) et amateurs, que nous nous abstenons de commentaires; disons seulement que si les pièces communes laissent généralement à désirer, en revanche les raretés sont d'une beauté remarquable. M. Dassy, comme tous les amateurs qui commencent une série de monnaies anciennes, avait acquis d'abord toutes les pièces communes sans trop faire attention à leur état de conservation; mais lorsqu'il se mit à rechercher les raretés, il était alors devenu très-difficile et n'admettait plus que des pièces réellement choisies. Il était décidé à échanger toutes les pièces ordinaires contre des exemplaires de choix, lorsque la mort vint enlever à la munismatique l'un de ses amateurs les plus fervents.

Nous avons eu soin de mentionner et, à la suite des descriptions de chaque pièce, l'état de conservation ; ce

(1) D'énormes quantités de pièces inédites de cette collection ont été publiées par MM. A. de Longpérier, Conbrouse, Poëy-d'Avant., etc., etc.

travail a été fait avec tout le soin possible, afin que MM. les amateurs de province et de l'étranger puissent adresser leurs commissions avec connaissance de cause : nous leur rappelons en outre que nous sommes toujours prêts à leur expédier les empreintes des pièces rares, afin qu'ils puissent juger par eux-mêmes avant de fixer leur limite de prix. MM. les amateurs de Paris pourront, d'ici la vente, visiter les pièces dans notre cabinet, tous les jours de 10 heures à 6 heures du soir, excepté de midi à une heure.

R. et F.

CATALOGUE

DE

MONNAIES FRANÇAISES

COLLECTION DASSY

(DE MEAUX)

GAULOISES

1. **Marseille** — Tête d'Apollon à droite. — ℟. MA. Roue. AR[1] 2 pièces.

2. *Id.* — Même type; la tête d'Apollon à gauche. AR[1] 19 pièces.

3. *Id.* — Buste de Diane. — ℟. ΜΑΣΣΑ Lion. AR[3] 10 pièces variées.

4. *Id.* — Tête de Pallas à droite. — ℟. ΜΑΣΣΑ. Trépied. Æ[5].

5. *Id.* — Tête d'Apollon à droite. —. ℟. ΜΑΣΣΑ. Taureau. Æ[2].

6. **Nîmes**. — Buste casqué, à droite. — ℟. NEM COL, en deux lignes. Très-rare et magnifique pièce. AR[1]

7. *Id.* — Tête casquée à droite. — ℟. NEM COL. Hygiée debout, à gauche. Æ[3]

8. *Id.* — IMP DIVI F. Têtes adossées d'Auguste et d'Agrippa. — ℞. COL NEM. Crocodile attaché à un palmier. 2 variétés. Æ[7] 11 pièces.

9. **Cavaillon.** — COL. Tête casquée à droite. — ℞. CABE. Tête de la nymphe de la ville, à droite. Æ[3]

10. **Volques arecomiques.** — Tête d'Apollon à gauche. — ℞. Cheval courant à gauche, au-dessus, une branche de gui. AR[3] 3 pièces.

11. **Allobroges** — (Bords du Léman). Tête casquée à gauche.— ℞. Hippocampe allant à gauche, id. à droite. AR[3] 3 pièces.

12. **Avignon.** — Tête d'Apollon à gauche. — ℞. AOYE. Sanglier allant à gauche. Pièce très-rare. AR[3]

13. **Chefs séquanes ou éduens.** *Togirix.* — TOGIRIX. Tête casquée à gauche. — ℞. TOGIRIX. Cheval courant à gauche. AR 4 pièces.

14. *Id.* — TOC. Tête casquée à droite.— ℞. TOC. Lion courant à droite. POT[3] 2 pièces.

15. *Id.* — Tête barbare à gauche. — ℞. Q DOCI. Taureau? se couchant à gauche. POT[4]

16. *Id.* — Q DOCI. Tête casquée, à gauche. — ℞. Q DOCI. Cheval courant à gauche. AR[2] 3 pièces.

17. **Eduens.** — Tête casquée à gauche. — ℞. KAΛ EΔOY. Cheval à gauche. AR[2] 10 variétés.

18. *Diaucos?* (Chef éduen) — Tete jeune, imberbe, à droite. — ℞. ΔYAY. Lion courant à droite, dessous trois annelets. Pièce très-rare. POT[4]

19. *Diasulos* (Chef éduen). Tête imberbe nue, à gauche. DIASULOS Cheval courant à droite. AR[3] 2 pièces.

20. **Arvernes.** — Tête d'Apollon à gauche. — ℞. Cheval conduit par un aurige, courant à gauche dessous une roue. OR[4]

Cette pièce doit avoir été frappée pour Vercingétorix.

21. *Id.* — Tête d'Apollon à droite. — ℞. Même type, le cheval à droite. Dessous AR. en monograme formant la tiquetra. OR

22. *Epasnatus* (chef arverne). — Buste casqué de Pallas, à droite. — ℞. Guerrier debout, tenant un bouclier et une enseigne. AR^{3} 2 pièces.

23. *Vergasilaunus* (chef arverne). — VERGA. Tête jeune et imberbe, à gauche. — ℞. Cheval au pas à droite, au-dessus annelet. Æ^{3}

24. *Arivos* (chef santon). — ARIVOS. Tête imberbe casquée, à gauche. — ℞. SANT.... Cheval courant à droite, dessous une rosace. AR^{3}

25. *Abudos* (chef biturige). — Tête imberbe, à gauche. — ℞. Cheval courant à gauche, au-dessus, un aigle éployé. *pâle.* OR^{4} 2 pièces.

26. **Bituriges cubi.** — Tête d'Apollon à gauche, — ℞. Cheval courant à gauche dessous un sanglier. AR^{2}

27. *Id.* — Tête d'Apollon à gauche. — ℞. Cheval courant à droite; un loup est assis sur sa croupe, dessous une fleur à trois pétales. AR^{4}

28. *Solima* (chef) — COAIMA. Même tête. — ℞. COAIMA. Cheval courant à gauche. AR^{2} 3 pièces.

29. *Andecomborios* (chef). Tête d'Apollon à gauche. — ℞. ANDECOM. Cheval courant à gauche. AR^{2}

30. **Pictons.** — Tête d'Apollon à droite. — ℞. Cheval courant à droite dessous une grande étoile. OR^{2}

31. — Tête d'Apollon à droite. — ℞. Cheval androcéphale courant à droite dessous une main ouverte. AR^{4}

32. **Turons.** — Tête d'Apollon à droite. — ℞. ....ΠΟΣ Cheval conduit par un aurige dessous une lyre renversée. OR^{2}

33. *Cantorix* (chef). — TVRONOS. Tête casquée à gauche. — ℞. CANTORIX. Cheval courant à gauche POT^{3}

34. **Carnutes** ? Œil entouré d'un grenetis. — ℞. Cheval courant à gauche dans une rosace (type des Trévires). OR[4]

35. **Redons**. — Tête imberbe à droite. — ℞. Cavalier sur un cheval androcéphale, à droite, dessous hypocampe. POT[6] 2 pièces.

36. **Redons** ou **Arvernes**. — Tête d'Apollon à droite. — ℞. Bige conduit par un aurige, dessous roue à 4 rayons, OR[1]

37. **Redons**. — Même tête. — ℞. Cheval androcéphale, à droite, dessous roue. POT[6] 4 pièces.

38. **Baiocasses**. — Tête imberde à droite. — ℞. Même type sans le cheval et sanglier. POT[6] 6 pièces.

39. **Chefs calètes**. — CALEDV. Tête imberbe à gauche. — ℞. Cheval courant à gauche, au-dessus, un fleuron. AR[3] 2 p.

40. *Id.* — SENODON. Même tête. — ℞. CALEDV. Même type. AR[3]

41. *Id.* — ATEVLA. Buste de la Victoire à gauche. — ℞. VLATOS. Cheval à droite. AR[3] 3 pièces.

42. **Veliocasses** (Rouen). Tête imberbe à droite. — ℞. Cheval conduit par un aurige, à gauche, dessous un grand fleuron. Belle et très-rare pièce. OR[5]

43. *Id.* — Même tête à gauche. — ℞. Même cheval à droite dessous un loup la gueule ouverte; pièce également belle et rare. OR[8]

44. **Parisii**. — Type effacé. — ℞. Cheval au galop à gauche, également effacé, dessus et dessous croissants. OR[5]

45. — Tête d'Apollon à droite. — ℞. Cheval courant à droite dessus un croissant. OR[2] 2 pièces variées.

46. — Même tête. — ℞. Cheval ailé courant à gauche, l'aile en forme de filet. OR[3]

47. **Sénons**. — Deux chèvres affrontées. — ℞. Loup et sanglier, également affrontés. POT[4]

48. **Chefs Lingons**. — Tête imberbe à gauche. — ℞. ....T. Cheval courant à gauche et se retournant. Æ[3]

49. **Catalaun**. — Guerrier allant à droite, tenant une lance et un torques. — ℞. Loup à dévorant un serpent. POT[4] 4 pièc.

50, **Rèmes**. — Double tête imberbe. — ℞. Lion courant à gauche.

51. *Atisios*. — (chef rémois). ATISIOS. Tête nue du chef à gauche. ℞. REMOS. Lion courant à gauche. Æ[4] 2

52. *Abrodeos?* ? (chef rémois). — T. CINCI? Buste du chef? à droite devant une étoile. — ℞. T. ABPOAIIF. Cheval courant à droite dessous trois annelés cintrés, au-dessus une fleur à cinq pétales. Magnifique pièce très-rare. Gravée pl. 1. AR[4]

53. *Venectos*. — Tête imberbe à gauche, les cheveux longs et hérissés, devant trois rouelles et un croissant. — ℞. Cheval à tête humaine, à gauche, un corbeau perché sur la croupe, devant et dessous deux rouelles et un serpent. Æ[4]

54. *Id*. — Traces de légende à moitié rognée. Tête imberbe, à gauche, les cheveux en grosses mèches ressemblant à des dauphins. — ℞. Cheval à tête humaine, à gauche, dessus et dessous deux grandes tourelles. AR[4]

Cette pièce, de première rareté, doit être la monnaie d'argent au type de la pièce n° 53.

55. **Bellovaques**. — Tête d'Apollon à droite. — ℞. Victoire conduisant un char à droite. OR[4]

56 *Id*. — Même type. OR[2]

57. *Cricirus* (chef ambien). — Tête imberbe casquée à gauche.— ℞. CRICIRV. Pégase courant à gauche. Æ[4]

58. **Ambiens** ? — Tête d'Apollon laurée, à droite, dessous un serpent ? — ℞. Gaulois tenant le torques, conduisant un cheval au galop à gauche ; devant le cheval, un oiseau de marais à long bec crevant l'œil du cheval. Dans le champ, devant, une fleur à 4 pétales; au bas, à l'exergue, même fleur. Très-rare et magnifique pièce. OR[2]

59. *Id.* — Type confus ressemblant à un monogramme.—℞. Cheval au galop à gauche, au-dessus une longue lance tenue par la main d'un guerrier. OR^{2}

60. **Nerviens.** — Tête barbare laurée, à droite. — ℞. Cheval courant à droite dessous une grande rouelle. OR^{4} 3 pièces.

61. **Trévires.** — Grand œil entouré d'un grènetis. — ℞. Cheval courant à gauche, au dessus un ornement formant le v, dessus une grande rouelle. OR^{4}

62. *Vocaranus* (chef trévire).— Même œil. — ℞. VOCARAN. Cheval courant à gauche dessous grande rouelle. OR^{5}

63 **Bellovaques** ou **Trévires.** — Tête d'Apollon à droite. — ℞. Cheval à droite, derrière lui la roue du char, dessous, fleuron. Pièce mince comme celles des Bellovaques et Parisii. OR^{3}

64. **Mediomatriques.** — Tête casquée à droite. — ℞. MEDIO. Cavalier courant à droite. Æ^{3}

65. *Id.* — Traces de la tête d'Apollon. — ℞. Cheval au galop à droite, dessous, fleur à 4 pétales, dessus torques. OR^{1}

66. **Leuques** ? — Tête d'Apollon à droite. — ℞. Traces de légende. Cheval au galop conduit par un aurige; dessous rosace, devant, un serpent. OR^{3}

67. *Id.* Tête barbare à gauche. — ℞. Sanglier à gauche, dessous tête humaine, etc. POT 6 pièces.

68. **Mandubiens** ? — Tête d'Apollon à gauche. — ℞. Bige conduit par un aurige, dessous lyre. Très-rare et superbe pièce. OR^{4}

69. **Boiens.** — Etoile à 4 raies placée sur un globule d'or. — ℞. Lisse. OR^{3}

70. *Id.* — Tête d'oiseau à gauche au milieu d'une couronne — ℞. Etoile et fleurons au milieu d'un champ concave avec trois globules. OR^{4}

71. Lot de médailles et rouelles gauloises. OR, AR et Æ 30 pièces.

MÉROVINGIENNES ROYALES

72. — ✠ RECCAREDVS RE. Buste de face. — ℞. ✠ NARBONA FELIX. Buste de face, N. *Roi vandale.* Tiers de sou.

73. *Theodebert I.* 534-547. — ✠ DN THEOBTS VICTOR. — ℞. VACN-GIVTIACCCAC. CONO. Tiers de sol, très-belle pièce.

74. *Clotaire II.* 584-628. — CLOTARIVS R. Buste. — ℞. LIONCIVS MONE. Croix haussée sur un point, accostée des initiales G R (*Grenoble?*) grenetis. Tiers de sou, pièce magnifique et inédite. Gravée n. 2.

75. *Id.* — CHLOTHACHARIVS RIX. — ℞. ✠ AVNEBERTO MONETARIO. Croix accostée des lettres initiales E B, (*Embrun*) grenetis. Tiers de sou, pièce également superbe et inédite. Grav. n. 3.

76. *Sigebert II.* 638-656. — SIGIBERTV. — ℞. ..... Croix accostée des lettres initiales M A. (*Marseille.*) Sou d'or.

77. *Id.* — .... ERTVS RE. Devant le buste R. — ℞. VICTVRIA.... Croix accostée de MA et de XXI. (*Marseille.*) Sou d'or.

78. *Id.* — MASILIA. Buste. — ℞. S.IBERTUS RIX. Croix accostée des initiales MA et de 4 et 2 points (*Marseille.*) Tiers de sou.

79. *Id.* SIGIBERTVS. Devant le buste S. — ℞. MASI... Croix accostée des initiales MA et de V.. (*Marseille.*) Tiers de sou.

80. *Clovis II.* 638-656. — ✠ CH......VSR. — ℞. ✠ PA....IN CIV. Croix ancrée sur un globe, accostée des lettres EHCI. (*Paris.*) Tiers de sou.

81. *Charibert II.* 630-631. — ✠ CHARIBERTVS REX. Tête diadémée dans un cercle. — ℞. BANNACIACO FIIT. (*Bramrasac.*) Calice à deux anses surmonté d'une croix. Tiers de sou, fleur de coin.

82. *Id.* — La même pièce, d'un autre travail, également fleur de coin.

83. *Clotaire III.* 656-670. — LOTHAVIVS RE ✠. — ℞ ✠ VVANDELE-NOM ✠. Croix ancrée. (*Bordeaux.*) Tiers de sou, magnifique pièce.

84. ? *Dagobert II.* 674-679. — .... Buste. — ℞. ELCIVS.... (*Elegius mon*). Croix accostée des initiales MA et VII. (*Marseille.*) Tiers de sou.

85. ? *Dagobert III.* 711-715. — GEMELLVS. Buste. — ℞. DAGOBERTVS RE. Croix sur un degré accostée de deux points. Tiers de sol, très-belle pièce.

86. *Tiers de sou douteux de Sigebert I?* — DN SIGIBERTVS REX, tête à droite. — CIVVTDACCHRAMVS. Victoire debout à gauche.

Toute cette série de pièces royale est généralement belle et la majeure partie des pièces sont de première rareté.

MÉROVINGIENNES MONÉTAIRES

Tiens de la 1re Lyonnaise

Nous avons évité de répéter les mots tiers de sou ; toutes les pièces de la suite des monétaires étant de ce module. Nous avons eu soin d'ajouter le mot saiga à toutes les pièces d'argent.

87. **Lyon.** — SAX (*o*) MON. — ℞. LVGDVNVM..... Croix accostée des initiales LV, *inédite*, belle pièce.

88. *Id.* — ✠ LVGD (*u*) NOFIT. — ℞. ✠ B.... MONET. Même type. Pièce également belle et inédite.

89. **Autun.** — AVGVSTIDVNO FI. Deux profils. — ℞. IHOORIIS MONII. Croix chrismée, sur deux degrés, accostée des initiales AG.

90. **Châlon-sur-Saône.** — ✠ CABILLONNO FIT. — ℞. ✠ VV. (*intr*)IOMON. Croix sur deux degrés accostée des lettres CA.

91. *Id.* — *Id.* Devant le buste une croix. — ℞. VVINTRIO..... Même type.

92. *Id.* — *Id.* Sans la croix. — ℞. VVINIRIO..... Même type. très-belle pièce.

93. *Id.* — *Id.* — ℟. ✠ VVINTRIOMONE. La croix n'est pas chrismée.

94. *Id.* — CAOILONNOF. Croix devant le buste. — ℟. ✠ A.....NAT. La croix n'est pas chrismée.

95. *Id.* — CAVILONFIT. Sans la croix. — ℟ ✠ B...... MONITARIV.

96. *Id.* — CABILONNOFIT. — ℟. BONIFACIVS E VIN (*trio*).

97. *Id.* — CABIL...... Buste de face. — ℟. ✠ ABBONE.

98. *Id.* — CABILONNO. Buste de face. — ℟. ✠ MAGNOALDVS. Pièce à fleur de coin.

99. *Id.* — CABIL...FITO. Buste de profil. — ℟. ✠ MA......MONT.

100. *Id.* — CABL✠ONNO. — ℟. MVMMOVS. Pièce magnifique.

101. *Id.* — Triens de Châlon-sur-Saône à légendes frustes.

102. *Id.* — CABILO..... —℟..... OMONITAR. Croix chrismée et CA.

103. *Id.* — DOMNITTOMONI. — ℟. Légende en désordre, croix sur trois degrés.

104. Id. — Triens *dédoré* de Châlon, à légendes en désordre, AR.

105. *Id.* — ✠ CABILONNO. Croix cantonnée de quatre points. — ℟. (*Nertis*)? NOMO. Chrisme *Saiga*.

106. *Id.* — Légende indéchiffrable. — ℟..... OVS MONET. Croix accostée des lettre AC. Cette pièce de cuivre est l'âme d'un triens fourré de Châlon.

107. *Id.* — CABILONNO SOIS.... LOR...... Buste de profil, devant une croix. — ℟...... SMON. Croix chrismée sur un degré, accostée des initiales AC, grenetis (cité de Châlon). Tiers de sol, *inédit*, pièce fourrée probablement de *Châlon*.

108. **Mâcon.** — MATACONE F. — ℟. IVSE MONETARIVS. Croix pâtée sur un globe, accostée des initiales MA ; sous le globe un prisme. Très-rare et belle pièce inédite.

109. *Id.* — MAT (*acon*) E FIIT. — ℟. IVSE MONETARIVS FICT. Croix sur un globe, accostée de VII. *Inédite*.

Triens appartenant à la 1re Lyonnaise

110. **Conchey**?. (*Côte-d'Or.*) — COCCIACO. Buste. — ℞. ✠ VRSOLENVS, des initiales C A. Très-belle pièce *inédite*. Gravée n. 14

111. **Isernore** (*Ain*). — ISARNOBEROVIC. — ℞. ✠ AIRVA.DOMO. Croix avec ST.

112. **Aoust**? (*Drôme*) — AVSTA FIT. Buste de face. — ℞. SANTOLVS MONITARI. Croix avec AV.

113. *Rivarinna*. — ORIVIO MON. Profil droit. — ℞.RIVARINNA. Croix avec C A. Belle et *inédite*.

Triens de la 2e Lyonnaise

114. **Rouen**? — LICIOMO. Buste, devant I. et X. — ℞. DISIDERIO. Ce triens attribué depuis longtemps à Rouen est certainement de Touraine ou de Poitou plutôt.

115. **Bayeux**. — BAIOCAS FG. Fleur. — ℞. MALLVLIFC. Croix.

Triens de la 3e Lyonnaise

116. **Rennes**. — REDONAS. Tête à droite. — ℞. RACIO FIS. Croix sur trois degrés, beau *saiga*.

117. *Id*. — REDONIS. Buste à droite. —℞. FRANCIO. Guerrier à gauche très-beau trien.

118. **Angers**. — ✠ ANDECAVIS. Tête à droite devant I. — ℞. SEVDVLEVS. Croix ancrée, très-belle pièce.

119. *Id*. — Mêmes légendes, variété de type, le vêtement quadrillé, très-belle pièce.

120. **Nantes.** — NAMNETI. Tête à droite. — ℞. VILIOMVD. Croix ancrée, très-belle pièce.

Triens appartenant à la 3e Lyonnaise

121. **Cambon** (*Loire-Inférieure*). — FRANCIO. Tête à droite. — ℞. CAMBONNO. Croix.

122. **Amboise** (*Indre-et-Loire*). — ANBACIAVICO. Buste à droite. — ℞. FRANCOBODVS. Croix ancrée, pièce en fleur de coin.

123. *Id.* — AMBACIA. Buste à droite. — ℞. LILICICILVS. Même croix, pièce en fleur de coin.

124. **Ballan.** *Id.* — BALATONNO. Tête à droite. — ℞. ETTONE MON. Croix dessous trois degrés, belle pièce.

125. *Id.* — BALATONN. Tête à droite. — ℞. ISOBAVDE M. Croix ancrée accostée de deux croisettes, pièce à fleur de coin.

126. *Id.* — Même pièce, variété de type, également très-belle.

127. *Viminao* — VIMINAO. Buste à droite. — ℞. PFERO. Guerrier ou génie ailé allant à droite.

Triens de la 4e Lyonnaise

128. **Chartres.** — CARNOTAS C. Tête à droite. — ℞. BLIDOMVNDO. Croix ancrée, très-belle pièce.

129. **Orléans.** — IACOTI MONE. Buste diadémé à droite. — ℞. AVRILIANI. Croix ancrée, superbe pièce d'un très-beau travail.

130. *Id.* — IACOTI MONET. Même buste. — ℞. AVRILIANIS CIIVAS. Superbe pièce d'un très-beau travail.

131. *Id.* — IACOTE MO. Croix ancrée. — ℞. AVRILIANIS. Tête à droite.

132. *Id.* — IACO MONITARIVS. Tête à droite. — ℞. AVRILIANIS FIT. Croix ancrée.

133. *Id.* — MAVRINVS MON. Tête à droite devant une croix. — ℞. AVRILIANIS.... Croix sur trois degrés.

134. *Id.* — Même pièce (lu par erreur *Melinus*). Même type. — ℞. AVRILIANIS CIVIT. Croix, même type.

135. *Id.* — IACO MONE. Buste diadémé à droite. — ℞. AVRILIANIS. Croix ancrée.

136. *Id.?* — Légende fruste. Tête barbare à droite. — ℞. ANGIVLF MVIR. Croix ancrée.

137. *Id.* — AVRILI... Buste diadémé à droite. — ℞. DOGOM..VSMO. Croix ancrée dans une couronne.

138. *Id.* — ...VD ....S. Tête barbare à droite. — ℞. AVRILIANIS. Croix ancrée.

139. *Id.* — AVRELANIS. Tête à longue chevelure. — ℞. LIEDEGIEM? Croix ancrée.

140. *Id.* — AVRILEANIS. Profil radié. — ℞. AVRILIANIS CIV. Croix à pied. *Saiga.*

141. *Id.* — *Saiga* de mêmes types et fabriques, légendes incertaines. Croix égale.

Excepté les nos 132, 136, 137 et 139, toutes ces pièces sont très-belles.

142. **Troyes.** — (TRE)CAS CIVETAT. Tête à droite. — ℞. ...... DOMON. Croix dans un cercle, *inédit*. Gravé n. 5.

143. **Paris.** — PARISI.... Buste diadémé à droite. — ℞. ..... MONEAR. Croix ancrée, pièce un peu fracturée.

144. *Id.* — PARISIS. Buste diadémé à droite. — ℞. ELIGIVS M. Croix ancrée, pièce à fleur de coin.

145. *Id.* — PARISVS FIT. Tête à droite. — ℞. VITALSMO. Croix ancrée, pièce également à fleur de coin.

146. *Id.* — PARISIVS FI. Même tête. — ℞. VITALS MON. Croix ancrée, pièce à fleur de coin, très-belle pièce.

147. *Id.* — PARISIVS CIVI. Buste de face. — ℞. ARN....VS MOA. Croix ancrée, pièce à fleur de coin.

Triens appartenant à la 1re Lyonnaise

148. **Arcis** (*Aube*). — ARCIACAS. Buste à droite. — ℞. MAVRINOS. Croix ancrée, belle pièce.

149. **Châteaudun** (*Eure-et-Loir*). — DVNO FITVR. Buste à droite. — ℞. SVVIDS M.N. Croix.

150. **Vienne** au **Val** (*Loiret*). — VIENNA FIT. Buste à droite. — ℞. LEVDINOMON. Croix, très-belle pièce.

151. **Arpajon** (*Seine-et-Oise*). — CASTRAVICO (lu *Siamuiso*). Buste à droite. — ℞. EBRAIGDVS. Croix, très-belle pièce.

152. *Id.* — CASTRAVICO (lu *Stravicio*). Buste à droite. — ℞. EBROAIGDVS. Croix, très-belle pièce.

153. **Le Pecq**. (*Seine-et-Oise.*) — BAVDISILVS. Buste à droite. — ℞.ALFECO (lu *Alleco*). Croix.

154. **Saint-Denis** (*Seine*). — EBREGISILO. Buste diadémé à droite. — ℞. SCIDIONS-IIMV. Croix, pièce à fleur de coin.

155. *Id.* — CATVLLACO. Buste diadémé à droite. — ℞. EBREGILICO. Croix; très-belle pièce.

156. **Palaiseau** (*Seine-et-Oise*). — PALACIOLO. Buste diadémé à droite, — ℞. DOMOLENO MO. Croix dans un cercle très-belle pièce.

157. *Id.* — PALACIOLOI. Buste à droite. — ℞. DOMOLEN. Croix ancrée, très-belle pièce.

158, 159, 160. — *Saigas*. Rosace. — ℞. Croix ancrée. trois pièces.

Triens de la 1re Belgique

161. **Metz.** — METTIS CVETATI. Buste diadémé à droite. — ℟. ANSOALDVS MONET. Croix avec C.A., belle et rare pièce.

162. *Id.* — METTIS. Buste diadémé à droite. — ℟. CHVLDIRICVS MVN. Croix avec V A. *Inédite*. Gravée n. 4.

163. *Id.* — METT ≺ CVETATI. Buste à gauche. — ℟. ANTOALDVS MONE ≺. Croix avec AA suspendus aux branches et AA dans le champ, très-rare et magnifique pièce.

164. **Toul.** — TVLLO FIT. Buste diadémé à droite.—℟. LEVDIOMONET. Croix dans un globe, très-belle pièce.

165. **Verdun.**— VEREDVNO FIT. Buste à droite. — ℟. MAVRACHARIVS M. Croix sur un globe, très-rare et superbe pièce, F. D. C.

166. *Id.* — VERIDVNO. Buste à droite. — ℟. BODOMVNET. Croix. Gravée n. 6.

Triens appartenant à la 1re Belgique

167. **Moyenvic.** — MEDIANOCFA. Buste à droite. — ℟. GAROALDVS M. Croix avec C V.

168. **Marsal.** — MARSALLOVICO. Buste à droite. — ℟. ANSOALDVS MONT. Croix cantonnée de quatre points, pièce à fleur de coin.

169. **Mouson.** — MOSOMO CAS. Buste à droite. — ℟. THEVDEMARO MO. Croix égale avec CI.. Belle pièce.

170. **Mezières?** — MALLO MA (tiriaco) Buste, à droite. — ℟. VVRI (mon) DVS MI. Même croix. Il manque un quart de la pièce.

171. **Sorcey.** — SAVRICIACO FIT. Même buste.— ℟ BEOFRIDVS MON. Croix égale cantonnée de deux points.

172. ? — ERCOIT, CELAIST. Buste diadémé, d'un meilleur style. — ℟. MANRO MONETAIV. Croix avec C V. Magnifique pièce.

Triens de la 2e Belgique

173. **Soissons.** — SVESSIONIS FIT. Tête nue, à droite. — ℟. BETTOMO. Croix. Belle et rare pièce.

174. **Cambray.** — CAMARACO. Tête nue, à droite. — ℟. ALA...NCVS. Croix chrismée sur deux degrés. Très-rare.

175. **Laon.** — MONTICLAVETI. Buste diadémé, à droite. — ℟. EBROALDVS MONI. Croix sur un globe. Rare et belle pièce.

176. **Noyon.** — NOVIOMO FIT. Profil à longue chevelure à droite. — ℟. BAGNV:I:S MON. Croix ancrée, cantonnée de deux points. Rare et belle pièce.

Triens de la 1re Germanie

177. **Strasbourg.** — COSRVB. Tête barbare, à gauche. — ℟. STRADIBVRG. Petite figure debout, de face. Trois pièces variées.

178. *Id.* Même type, la tête à droite. Trois pièces également variées.

Triens de la 2e Germanie

179. **Maestricht.** — TRIECTO FIT. Buste diadémé, à droite. — ℟. ADELBERTVS M. Croix barrée en haut et en bas, dessous six points. Très-belle pièce.

180. *Id.* — TRIECTO FIT. Buste diadémé, a droite. — ℟. ANSOALD. Croix chrismée cantonnée de deux points.

181. *Id.* — TRILCTO FIT. Buste diadémé, à droite. — ℟. RIMOALDVS. Croix haussée.

182. *Id.* TRIECTO FIT. Buste diadémé, à gauche. — RIMOALDVS V. Croix sur un globe, cantonnée de deux points. Superbe pièce d'un art remarquable pour cette localité.

183. *Id.* — TRIECTV FIT. Tête diadémée, à droite. — ℟. DOMARICV. MO. Croix à pied dessous un globe.

184. *Id.* — Même piece. — ℟. Croix à pied dessous un globe.

185. *Id.* — TRIECIO FIT. Buste diadémé, à droite. ℟. MADELINVS N. Croix à pied dessous un globe et un collier de perles. Très-belle pièce.

186. *Id.* — TRIECTO FI. Buste diadémé à droite. — ℟. BOSONE MO. Croix à pied, belle pièce.

187. **Wyck-Duersted.** — VICVSC✠VII. Tête barbare à droite. — ℟. VNCCOMONET. Croix sur une base ou autel.

188. *Id.* — VICS FIT. Tête d'un meilleur style. — ℟. VNCCOMONET. Croix barrée en haut et placée sur une base, très-belle pièce.

189. *Id.* — ALA.NO,.... Même tête. — ℟. VVICSFIT, Croix, très-belle pièce.

190. *Id.* — VVICVS FICIT. Buste à droite. — ℟. ANGLO MONET. Croix dessous une base, très-belle pièce.

191. **Huy** ? — CHOE FICIT. Tête à droite. — ℟. RIGOALDVS. Croix sur une base, très-belle pièce.

192.? *Id.* — CHOIVAIC. Buste barbare à droite. — ℟. GANVEBER M. Même croix.

193. *Id.* — OHO..FT Buste à droite. — ℟. BERTOAL. Même croix.

194. **Namur.** — NAMVCO. Buste à droite, la main droite ouverte et levée au niveau de la bouche. — ℟. ADELEO M. Croix à pied dessous un globe avec des rayons. Rare et belle pièce.

195. *Id.* NAMVCOC. Buste diadémé à droite. — ℟. Le même, magnique pièce.

196. *Id.* — NAMVCO. Buste et tête nue à droite. — ℟. TVLLIONE MO. Une croix. Belle pièce.

197. **Duerstedt.** — DVRESTAT FIT. Tête barbare, à droite. — ℟. MADELINVS M. Croix à pied dessous six points.

198. *Id.* — Variété. id. id.

199. *Id.* — Même pièce, cuivre, jadis plaquée d'or. Deux variétés.

200. *Id.* — Triens à légendes barbares, attribués à la 1re et à la 2e Germanie. Une croix de chaque côté. Huit pièces variées.

201. *Id.* — Mêmes légendes. Une tête d'un côté et une croix de l'autre. Sept pièces variées.

Triens de la Séquannaise

202. **Besançon.** — GENNARDS ✠ ERIO. Buste diadémé à droite accostée de VII. — ℟. VESVNCIONE DLE. Croix sur trois degrés. Très-rare et très-belle pièce.

Triens des Alpes Graies

203. **Tarantaise.** — DARANTAS. Buste diadémé, à gauche. — ℟. SPECTAOTOIOM.. Croix sur deux degrés, accostée de VII. Belle pièce.

204. **Sion.** — Légende barbare. Buste à droite. — ℟. SIDVNINSIVM CIVITATI. Croix avec R R au sommet.

205. *Id.* — GRATVS MONETARIVS. Buste diadémé à droite. — SIDVNIS CIVITATE. Croix accostée de VII dans une couronne.

206 *Id.* — SIDVNIS FIT. Buste à droite. — ℟. AECIVS MO. Croix sur une base cintrée. Belle et rare pièce.

Triens de la 1re Viennoise

207. **Vienne.** — DN MAVRICIVS PP AV. Buste diadémé, à droite. — ℟. VIENNA DE OFFICINA LAVRENTI. Monogramme du Christ sur globe, accosté de A. ω. Rare et superbe pièce.

208. *Id.* — BAPPA MONETARIVS. Buste diadémé, à gauche. — ℞. VIENNA CIVITAS. Croix sur deux degrés, accostée de VI, également très-rare et belle pièce.

209. *Id.* — VIENNA FIT. — Buste diadémé, à droite. — ℞. SANCTVS MONETARIVS. Croix avec VI. Très-rare et belle pièce.

210. **Genève.** — .....ERA.. Buste à droite, — ℞. GENAVIN... CIVIT. Croix sur trois degrés.

211. **Viviers.** — VIVARIO C. Buste diadémé, à droite. — ℞. ? TIAOMONA. Croix sur un globe; au bas, VIVA, à l'exergue ONON.

Triens de la 2e Viennoise

212. **Arles.** — DN MAVRI.....Buste diadémé, à droite. — ℞. VICTORIA AVG, CENOB, en désordre. Croix sur un globe dans le champ AR VII. Deux pièces.

213. *Id.* — Variété de la même pièce, légende encore plus en désordre.

Triens de la 1re Aquitaine

214. **Bourges.** — BEOREGAS CIV. Buste diadémé, à droite. — ℞. ANTIDIVSO MO. Croix égale.

215. **Clermont.** — ARVERNOCI. Buste diadémé, à droite. — ℞. ..... LEO. Guerrier armé allant à droite.

216. *Id.* — ...... Buste à droite. — ℞. HILDOALD MO. Croix cantonnée de deux points et AR.

217. *Id.* — MANI.....NHLOBODI. Buste diadémé à droite. — ℞. ARVERTO CIVITATI FIT. Guerrier armé d'un bouclier, allant à droite. Rare et très-belle pièce.

218. *Id.* — ARVERNO IT. Buste à droite. — ℞. MONITARIVS. Croix dans une couronne.

219. *Id.* — ARVERNO CIVE. Tête à droite. — ℞. EODICIVS MONETA. Croix avec globe en haut et en bas.

220. *Id.* — ARVERNVS CIVES. Buste diadémé à droite. — ℞. ARIBAVD MONNARIO. Croix sur un globe. Belle et rare pièce.

221. *Id.* — .RVE...IVET. Même buste. — ℞. .... DMONITARIO. Même croix.

222. *Id.* — DNOMITANII. Buste diadémé à droite. — ℞. MANIIEODO MONITAARIVS. Dans le champ AR dessous CIVIS. Très-rare et belle pièce.

223. ? **Rodez**. — Buste à droite dessous trois points.—℞. ..TVOV.. R, T, N, E, en monogramme. Très-rare et belle pièce.

224. *Id.* — Variété de type, un lozange devant la tête. — ℞. VENDEMIVS MONET. RVSE en monogramme. Très-rare et belle pièce.

225. *Id.* — Variété de la même piece. Tres-belle piece.

226. *Id.* Variété de la même piece. — ℞. POLVS M. Très-rare et belle pièce.

227. *Id.* — CANNACO. Buste diadémé, à droite. — ℞. RVTIN. Croix sur un globe, dans le champ, un serpent? Rare et très-belle pièce.

228. **Javouls**. — BAN. Buste diadémé, à droite. — ℞. GAVALETANO FIIT, Calice.

229. *Id.* — BAN. Même pièce, variété. — ℞. GAVALETANO FIIT. Calice.

230. *Id.* — BAN. Autre variété. — GAVLETANO FIIT. Calice.

231. *Id.* — Profil devant deux croisettes. — ℞. GAVALETANO FIIT. Même type.

232. *Id.* — Profil devant une palme. — ℞. GAVALETANO FIIT. Même type.

233. *Id.* — Profil, très-belle fabrique. — ℞. GAVALETANO BAN. Même type. Très-belle piece.

234. *Id.* — Buste avec deux palmes surmontées d'une croix. — ℞. GAVALETANO. Calice. Même type. Superbe pièce.

235. *Id.* — GAVALORVM. Buste à longue chevelure, à droite. — ℞ VOR archer allant à gauche. Très-rare et magnifique pièce.

236. *Id.* — Buste, devant une croix. — ℞. TELAFIUS MONETA. Calice. Très-rare et magnifique pièce.

237. *Id.* — Même monnoyer, variété de types. Fabrique barbare.

238. *Id.* — Profil devant un rameau. — ℞. ... AIETESV.. Calice. Très-belle pièce.

239. **Salagnac** (*Corrèze*). — SELANIACO. Tête à droite. — ℞. .. OMONIT. Croix égale cantonnée de deux points.

240. **Brioude**. — Buste à droite; la droite levée, devant une étoile. ℞. MAGNOALDO MO dans le champ en deux lignes .. BRIVAT croix égale cantonnée de deux points.

241. *Id.* — Même buste devant F. ℞. FAVSTINVS MO; dans le champ. BRI.

242. **Saint-Amand Tallande** — TELEMATE FIT. Buste diadémé à droite. — BERTOVALDVS MO dans le champ. AR.

243. **Tagenat** (*Puy-de-Dôme.*) — TAVSGVNNAG.. Tête nue à droite. — ℞. ARIDIVS MON.; dans le champ AR.

Toute cette série de monnaies sont très-rares et d'une conservation irréprochable.

2e Aquitaine

244. **Bordeaux**. — BURDEGALI. Buste diadémé à droite. — ℞. BERTIGISIELO. Croix ancrée cantonnée de deux points. Très-rare et très-belle pièce.

245. **Brioux** (*Deux-Sèvres*). — BRIOSSO VICO. Tête nue à droite. — ℞. GENNASTEMO. Croix ancrée sur une base cantonnée de deux étoiles.

246. *Id.* — BRIOSSO VICO. Même tête. — ℞. CHADULF....Croix ancrée

sur une base cantonnée de deux étoiles. Cette pièce, comme la précédente, est également rare et très-belle.

247. **Ambernay** (*Charente.*) — MAVRV MON. Buste diadémé à droite. — ℟. ANDEBRENACV. Croix égale dessous un point.

248. *Tidiniacum* — TIDIRICI. Buste diadémé à droite. — ℟. AO...... MO. Croix égale cantonnée de AX et deux points.

249. *Id.* — TIDIRICIACO. Buste à tête nue à droite. — ℟. S...ALDO MO. Croix cantonnée de deux points et N. X. Rare et superbe pièce.

250. **Thivernay** (*Vendée*). — ENSVRIVS. Buste diadémé à droite. — ℟. THODEBERCIACOF. Croix égale cantonnée de quatre points N. X. Rare et superbe pièce.

251. *Id.* — TEODEBERCIA -. Buste barbare à droite. — ℟. IOHANNES. Croix longue

252. *Id.* — THODEBERCIA Buste à droite. — ℟. ......MONE, monogramme. Croix longue.

253. *Id.* — .EODEBER.... Buste de face. SPECTATVS MONETA. id. id.

254. *Id.* — MAVRINOMO. Buste à gauche. — ℟. ITEBERCIACO (peut-être pour *Berciaco fit*) Croix ancrée.

255. **Sarrazac** (*Dordogne*). — SARACIACO (lu *Bagaciaco*), Buste à droite. — ℟. BODONE MO. Croix égale. Très-rare et belle pièce.

256. *Capofidi.* — IOHANNES MV. Tête barbare à gauche. — ℟. CAPOFIDI. Croix avec deux jambages suspendus aux branches.

Triens de la Novempopulanie

257. **Ausch** — AVSCIVS FIT. Buste et tête nue à droite. — ℟. ROMVLFVS. Croix ancrée très-rare et magnifique pièce.

258. **Bigorre.** — BEGORRA FIT. Buste à droite. — ℟. TAVRECVS MO Croix avec C. A.

Triens d'attributions incertaines

259. *Alpes Graies?* — ANAVEIC. Buste à gauche. — ℞. S......MONI. Croix sur trois degrés; il manque un morceau de la pièce.

260. **Andelot** ? (*Haute-Marne*.) — ANDELAO. Buste à droite. — ℞. *lég. rognée*. Croix dans une couronne. *Inédite*. Gravée n. 7.

261. **Aprey** ? — APRARICA. Tête à droite avec une longue chevelure. — ℞. PATRICIVS. Croix dans une couronne. Très-belle pièce.

262 *Id.* — APRARICI. Même tête. — ℞. PATRICIVS. Croix. Pièce également très-belle.

263. **Argentré** ? — ARGENTORATI FIT. Buste casqué ? à droite. — ℞. BVMTIHHII...MONE. Croix sur un degré

264. ? — AR.....ORCEI. Buste diadémé à droite. — ℞. ORO..TEM Croix sur deux degrés. (or blanc).

265. ? ATVNDERI. — Buste à droite. — ℞. Monogramme. Très-belle et rare pièce. Gravée n. 8.

266. *Bajorate*. — BAIORATE. Tête barbare à droite. — ℞. ALAFIVS Croix longue, dans le champ cinq points.

267. *Bellofaeto* — BELLOFAETO. Buste diadémé à droite. — ℞. FREDOMVNI. Pièce très-rare et à fleur de coin.

268. *Banaias*. — LEODONIDO MO. Tête barbare à droite. — ℞. BEAINS COV. Croix chrismée, dans le champ une croisette et deux points.

269. *Bettinis* — BETTINIS FIT. Tête à droite. — ℞. MEDOALDO AO. Croix chrismée, dans le champ une croisette et deux points.

270. *Bodoureca*. — BODOVRECA FIT. Buste diadémé à droite. — ℞. VVARIVLFO MO. Croix très-épaisse, un point au centre. Rare et belle pièce.

271. *Borgoiano*. — BORGOIANO FIT. Buste diadémé à droite. — ℞. BLAIDOFILO MO. Croix. Rare et belle pièce.

272. **Bourdeille** (*Dordogne.*) — BVRDIALE FIT. Buste à droite. — ℟. VVALDOMOI Deux figures debout, de face, au milieu une croix. Très-rare et magnifique pièce. Gravée n. 9.

273. **Chably** ou **Charly**? — CABILIACO ou CARILIACO. Tête à gauche avec une longue chevelure. — ℟. IEODOMVNDF (*Leodomun*). Croix ancrée cantonnée de 4 points. Très-belle et rare pièce.

274. **Chailly**? — CALLACO. Profil à droite, le diadème divise la tête en deux parties. — ℟. AGOBRANDO. Croix catonnée de quatre points. Très-belle et rare pièce. Gravée n. 10.

275. **Camares** (*Aveyron*?) — CAMBARISIO FIT. Tête diadémée à droite. — ℟. CASTRICIO MO. Croix chrismée, une croisette accostant la croix; très-rare et superbe pièce. Gravée n. 11.

276. **Parisis** — CASTROFVSCI. Buste à tête nue à droite. — ℟. .. N....EOR·M·O· Monogramme du Christ. Belle et très-rare pièce. Gravée n. 12.

277. *Id.* — CASTROFUSI FIT. Tête nue et barbare à gauche. — ℟. RANEPERTO M. Croix; également très-rare et très-belle pièce.

278. *Id.* — CASTR.VCI? Tête barbare de face. — ℟. FRAMIGILLUS. Figure informe debout, de face.

Ces pièces ont été de tout temps classées à Foix; mais elles sont parfaitement de la fabrique des triens des Parisii.

279. **Chantenay**? — AVDOALDO. Buste diadémé à droite. — ℟. CATONACO. Croix. *Inédite.* Gravée n. 13.

280. **Cléry**? — CLARIACO? Tête diadémée à droite. — ℟. LANDERICV Croix.

281. *Climone.* — CLIMONE. Buste diadémé à droite. — ℟. VINOVALDVS. Croix ancrée; très-rare et magnifique pièce à fleur de coin.

282. *Id.* — CLIMONE F. Tête avec longue chevelure à droite, — ℟. VINOILVS. Croix ancrée, sur un globe entouré d'un collier.

283. **Crécy?** — CRISCIAC. Buste à longue chevelure à droite. — ℟. GENOBAVDI. Croix ancrée, sur un globe ; rare et très-belle pièce.

284. **Creteil?** — CRISTOIALO. Buste à droite, — ℟. IOANNIS PORTO. Croix sur un globe ; très-rare et magnifique pièce.

285. *Id.* — CRISTOIALO. Même buste. — ℟. IOANES PORTO. Monogramme du Christ ; belle et très-rare pièce.

286. *Devenetus* — DEVENETVS. Buste diadémé à droite. — ℟. GENNOVIVS. Croix sur un globe ; rare et très-belle pièce.

287. **Donnezat** (*Puy-de-Dôme*), — EBRIGASILUS. Buste à droite devant une croisette. — ℟. DONNACIACO FI.. Croix avec AV dans le champ.

288. *Duciolinus.* — DVCCIOLINO. Tête à longue chevelure à droite. — ℟. BAVDOGISI. Croix avec AV dans le champ.

289. *Exona.* — EXONA FICIT. Buste diadémé à droite. — BETTONE MONE. Croix sur trois degrés ; très-rare et très-belle pièce.

290. **Gentilly** ou **Gentilliac?** — GENTILIACO. Tête barbare à droite. — AHIIDVLFVS Croix ancrée.

291. *Icolorate* — ICOLORATE. Buste diadémé à droite. — ℟. TRESOAADO M. Croix ancrée ; rare et très-belle pièce.

292. **Entrain?** — INTERAMNI. Croix. — ℟. AVEIGISILVS. Croix dans un cercle ; belle et rare pièce. Gravée n. 15.

293. *Lanticiacum.* — LANTICIACOVIC. Croix ; tres-belle piece. — ℟. BAVDENVS MO. Buste à droite. Gravée n. 17.

294. *Limariacum.* — LIMARIACO. Tête à droite ressemblant à une tête de singe. — ℟. MEDOBODVS. Croix ; rare et superbe pièce.

295. **Lieusaint.** — LOCOSANTO. Buste diadémé à droite. — ℟. DACOALDO. Croix dans un collier, au bas un globe ; très-belle pièce.

296. *Id.* — LOCOSANTO. Buste diadémé à droite. — ℟. DACOALDO. Variété de type. La croix acéostée de O. I.

297. *Id.* — LOCOSANTO. Buste diadémé à droite. — ℞. DACOALDO. Variété de type. Croix sur un globe.

298. *Id.* — LOCOSANCTO. Buste diadémé à droite. — ℞. DACOALDVS MONE. Croix de la première décrété. Pièce très-belle et d'un beau travail.

299. — LO..RCALO. — ℞. Légende rognée. Croix accostée de deux points.

300. **Namur?** — NAMV...... Buste à droite. — ℞. ..DVMARO MO. Croix accostée de deux points. Gravée n. 18.

301. *Matoliacum.* — MATOLIACO. Tête avec longue chevelure à droite. — ℞. DOMMOLINO. Croix ancrée cantonnée de deux croisettes. Pièce rare et à fleur de coin.

302. **Mongon** (*Indre-et-Loire?*). — MEDECONNO. Tête à droite. — ℞. MAGNICNISILO. Croix. Pièce superbe et rare.

303. **Mérou** (*Maine-et-Loire*). — MIRONNO.F. Buste à droite. — ℞. BERTOINO M. Croix sur un globe. Rare et belle pièce.

304. *Moco.* — MOCO. Buste barbare à gauche. — ℞. Légende en désordre. Croix avec I. V.

305. *Muticacum.* — MVSICAOVIC. Buste à droite. — ℞. DERTOLENVS. Croix ancrée, dessous croisette. Belle et rare pièce.

306. *Muaucfo.*— MVAVCFO. Buste diadémé à droite. — ℞. OVIMAVGNIVS. Croix sur trois degrés.

307. **Nantes?** — NAMMV.. Buste très-long à droite. — ℞. Légende en désorde, animal informe.

308. **Noirlieu?** — NIGROLOTO. Buste à droite. — GENNOBAVDI. ℞. Croix ancrée, belle et très-rare pièce.

309. **Neuvi-en-Sullias?** (*Orléanais*). — NOVICO. Tête à longue chevelure à droite. — ℞. CINNOBAAI. Croix ancrée cantonnée de quatre points. Rare et belle pièce.

310\. *Id.* — NO.... Même tête à gauche. — ℟. DO..SIVS. Même croix. Très-belle pièce.

311\. *Id.* — NOVOVICO. Tête à droite. — ℟. EVDMOT. Croix sur trois degrés.

312\. *Ocainoco.* — OCAINOCO. Tête nue à droite, — ℟. DABAVDES. Croix sur trois degrés, dessous un globe entouré d'un collier.

313\. **Olisy**? — OLICCIACA. Buste très-long et diadémé à droite. — ℟. BOBONE MONET. Croix accostée de R. O. Très-rare et belle pièce.

314\. **Orziaux** (*Seine-et-Oise?*) — ORGADOIALO? Tête diadémée à droite. — ℟. RVSTICIVS. Croix ancrée.

315\. **Pouilly**? — PAVLIACO. Tête avec longue chevelure à droite. ℟. LEVDOVALDO. Croix ancrée. Rare et superbe pièce.

316\. **Pierrefitte?** — PETRA FICTN. Buste diadémé à droite. — ℟. HILDEBODVS M. Croix.

317\. *Prevendasilva.* — PREVVNDASILVA Tête avec longue chevelure à droite. — ℟. .. GNVL FI. Croix sur un globe. Très-belle pièce.

318\. *Ciriolacum.* — RIALACOCI (doit être lu CIRIALACO. Tête à droite. — ℟. ONAHODN M. Croix ancrée. Belle pièce.

319\. ? — RO.......ONT. Buste diadémé à droite. — ℟. BEROALDOMO. Croix ancrée.

320\. *Troco.* — TROCCO FIT. Buste à droite. — ℟. SCICE DILEIO ? Même croix.

321\. **Chelles**?— SCI.ORGI. Buste diadémé à droite. —BODOLENVS M Croix sur un globe.

322\. ? — SCEFFEVC. Buste barbare à droite. — ℟. XONOFREDVS. Croix sur un globe posé sur trois degrés et accostée de deux croisettes.

323\. *Id.* — SESE..ICO. Tête diadémée à droite. — ℟. BOSOLEN...... Croix accostée des lettres INCNI. Très-rare et belle pièce..

324. *Id.* — SILANIACO FIT. Croix. — ℟. ABUNDANTIVS MO. Tête à gauche. Belle et très-rare pièce.

325. *Id.* — SILANIACO FIT. Tête à droite. — ℟. ABVNDANTIO F Croix.

326. *Id.* — SILIONACO. Tête avec longue chevelure à droite. — ℟. AVGVLEV M. Croix ancrée.

327. *Id.* — SOTECI FT. Buste diadémé à droite.— ℟. CHCTGITSTODNT. Croix sur un globe accostée de deux points. Très-belle et rare pièce.

328. *Id.* — Même piece. — ℟. Croix sur un globe accostée de deux points. Très-belle et rare pièce.

329. STA GONETISO. —Buste diadémé à droite.— ℟. TASOIRELT. Croix chrismée accostée de B. T.

330. TOIACO. — Tête barbare à droite. — ℟. SCLOAE MO. Croix chrismée. Très-rare et très-belle pièce.

331. TICINACO. — Croix. — ℟. CHARIGISI. Buste à tête nue à droite.

332. TVFINAS. — Tête à gauche. — LAURVFO M. Croix ancrée. Rare et superbe pièce.

333. **Vandeuvre.** — VINDOVER... Tête à droite. — ℟. AVNO..V...C Croix chrismée.

334. VOCOSMVO. — Buste diadémé à droite. — ℟. ERPONE MOMTA. Croix sur deux degrés.

336. XIXVVIEOS. — Tête à droite. — ℟. DVTTMAONETA. Croix dessous A-+-A.

Triens à légendes frustes ou barbares à étudier

337. BAIOSVS (lu SVSOIVOF). — Tête casquée à droite. — ℟. .. ADVS FIT. Croix ancrée accostée de deux points.

338. Lettres sans sens. — Buste diadémé à droite. — ℟. ETHERIVS MOIC. Croix sur un globe.

339. Sans légende. — Buste diadémé devant une croix, derrière trois points. — ℟. LEVDELINVS MO. Croix. Magnifique pièce.

340. **Poitou** ? — BOTBEAM. Croix égale. — ℟. BERATOMO (lu SOBERATO). Croix à pied.

341. ....HLIACO. — Buste diadémé à droite. — ℟. AALEGSELO MVN. Croix accostée des lettres ECI.

342. CIVOCN....... — Buste à droite. — ℟. VV.....DELIGISELOM. Croix accostée des lettres EICI. Croix sur un globe.

343. ....EETAF. — Tête diadémée à droite. — ℟. ..AGNELI... Croix. Il manque un tiers de la pièce.

344. **Ambenay** ? — ...BANACIAC.... (lu BANACIACO). Tête diadémée à droite. — ℟. SCAVRO (lu VROSCA). Croix sur un globe.

345. .....OIT — Buste barbare à droite. — ℟? VII....VE, à l'exergue FIID. Croix sur un globe.

346. **Orléanais** ? — ...CISI. Tête avec longue chevelure à droite.— ℟. AMO....IVII. Croix ancrée.

347. *Id.* — Légende indéchiffrable. Tête barbare à gauche, tous les cheveux hérissés. — ℟. Croix ancrée.

348. ? VE...ST. — Buste diadémé à droite, cheveux hérissés. — ℟. PROBVS MO. Croix, à l'exergue NVT (Saiga).

349. Légende indéchiffrable. Tête diadémée à droite. — ℟. VVLEDE RIO.. Croix ancrée sur trois degrés.

350. **Poitou** ? — VCEDVNNV. Croix. — ℟. VILIVMVDVS. Croix.

351. Légende indéchiffrable. Buste à droite. ℟. ...VC NICO (ou PE..... VSVICO. Croix accostée de deux points.

352. **Orléanais** ? — ..... MECV. Tête avec longue chevelure à droite. — ℟. ....OVTE. Croix ancrée.

353. Légende indéchiffrable. Tête diadémée à droite. — ℟. DVLLOD ....IV Croix sur trois degrés. Très-belle pièce.

354. COFREVT ou IACOT REVT.— Tête à longue chevelure à droite. — ℞. AICTO (Doraicto?) Croix ancrée accostée de deux étoiles. Belle pièce.

355. Légende indéchiffrable. Buste diadémé à droite. — ℞. ...MELMON. Croix tres-épaisse cantonnée d'un grand nombre de points.

356. ....CO MO. Buste diadémé à droite. — ℞. VVAN.....AIC. Croix ancrée. Très-belle pièce.

357. Même pièce, argent dédoré.

358. Triens sans légende, fabrique germaine, légende barbare.

359. **Lyonnais** ?—ME...... Tête barbare à gauche.—℞. .....NO MO. Croix sur un degré, au-dessus un globe dans le champ LV.

360 — VICTORAC. Buste à tête nue à droite. — ℞. Légende indéchiffrable. Aigle? allant à droite. Très-belle pièce.

361. Légendes indéchiffrables. Tête barbare à droite. — ℞. Croix cantonnée de quatre chiffres barbares.

362. Légendes indéchiffrables. Tête barbare à broite. — ℞. Légende barbare. Croix avec A ET Ω suspendus.

363. IB.AICVN. Croix. — ℞. Légende indéchiffrable. Croix. *Saiga.*

364. ..NGVFICVAMO. Tête diadémée à droite. — ℞. ADAVIHGAAMIVS. Croix sur un globe perlé. Très-belle pièce.

365. IN....SETI. — Buste diadémé à droite. — ℞. TICEIOIM..... Trien dédoré. Croix sur deux degrés.

366. **Quentovic** ? — ..?QVANTOVICI,N et T en monogramme Buste diadémé à droite. — ℞. DAVLFO MONIT. Croix cantonnée de quatre gros points dans une couronne. Très-rare.

367. OVNOUV. Tête radiée à droite. — ℞. NHOVNVS. Croix fourchue. Très-rare et belle pièce.

368. CISIGIDICO. Tête échevelée à gauche. — ℞. SGSILEIDMICI. Croix.

369. NI....MOTID. Buste à cheveux hérissés à droite. — Légende indéchiffrable. Croix avec VA. Rare et belle pièce.

370. **Orléanais** ? — IOVIAV.... Tête à longue chevelure à droite. — ℟. Croix ancrée, accostée de deux points.

371. CLADI.... Même tête. — ℟. SEDVILA. Même croix.

372. SN..ECEC. Même tête. — ℟. NIARCOSIVS. Même croix sans les points.

373. Légende indéchiffrable. Buste à droite. — ℟. Id. Croix accostée des lettres AΩ.

374. Légende indéchiffrable. Tête à droite. — ℟. Légende indéchiffrable. Croix cantonnée de quatre points.

375. CONCIETAI (ou CONDIETAI). Buste diadémé à droite. — ℟. Sans légende, deux croix et deux omégas formant la croix. *Saiga.*

376. NOGINASIA (lu NOGIANIS). Tête barbare à droite. — ℟. Légende indéchiffrable. Croix.

377. Imitations de tiers de sous byzantins. Légendes barbares. — 12 pièces. Ce lot peut être divisé.

378. Imitation de tiers de sou byzantin, la victoire du revers est accostée de la lettre E.

379. **Jumiéges** ? — GEMEDICO CAV. Etoile à cinq raies. — ℟. SCO FILBER. O avec point au milieu. *Saiga.* Très-rare et superbe pièce.

380. ..... ELAR. Buste barbare les cheveux hérissés à droite. — ℟. RAT.... Croix cantonnée de quatre points. *Saiga.*

381. Tiers de sou anglo-saxon. Légende barbare, tête diadémée a droite. — ℟. Buste d'un ange au milieu de deux autres bustes.

382. Saiga de localité incertaine, classé généralement à Dagobert II. D dessous une barre . —℟. Monogramme.

Saigas attribués aux Francks

383. Buste casqué à droite. — ℟. Croix chrismée dans un cercle entouré de quatre croisettes et de points. AR. 4 pièces.

384. Tête casquée très-barbare. — ℟. Légende barbare. Croix cantonnée de quatre points.

385. Légende barbare rognée. — ℟. Tête à droite, légende à moitié rognée, croix cantonnée de quatre points.

Saigas étrangers à la France

386. ....TAVAIO. Buste diadémé à droite. — ℟. OVA....NVAVO. Croix sur trois degrés, dessus un oiseau. 3 pieces variées.

387. Saigas bretons ou saxons à types barbares. 7 pieces variées.

Saigas du midi de la France du temps de Charles Martel

388. **Marseille.** — Buste casqué à droite. — ℟. MASSILIA. Croix longue sur un degré. Très-rare et belle pièce.

389. *Id.* — M remplissant le champ. — ℟. Croix avec D.CAS aux extrémités.

390. *Id.* — Tête à droite. — ℟. NEPIS autour d'une croix.

391. Pieces barbares variées des précédentes, mais d'une autre contrée. 3 pièces.

392. Figure debout, de face, tenant un glaive. — ℟. Monogramme du Christ.

392 *bis.* SCO dans le champ. ℟. TRVPM en monogramme. Saiga publié dans la *Revue française*, année 1862, pl. II, n. 1.

2ᵉ Race, — CARLOVINGIENNES

Pépin le bref

393. *Autramnus* (Monétaire). RP. Au-dessus, trait abréviatif dans le champ. Cinq points.— ℟. AVTTRANO en trois lignes. Denier. *Revue française* 1858, pl. XII n. 15.

394. *Id.* — RP. Même type. — ℟. M. TRANO en monogramme. *Id.* pl. XII, n. 19. Denier.

395 **Chartres**. — RX.P. Au-dessus, même trait dans le champ, quatre points. —℟. CARN. Ange debout de face tenant deux longues croix, dans le champ, près du nimbe, une croisette; sous les pieds, une autre croisette. Très-belle pièce de la plus grande rareté. Gravée n. 19. Denier.

396. **Beaucaire**? — BRXF et trait abréviatif. Dans le champ, deux points et un disque perlé. — ℟. B. Q. Au-dessus, trait abréviatif; au bas, disque.

397. **Metz** ou **Melle**. — RP. Dessus trait abréviatif. — ℟. M ou croix ancrée formant monogramme avec un E. Très-rare et belle pièce, plutôt de Metz ou Melle que de Leudeville, ainsi que le dit Combrouse. Denier.

398. **S.-Gaucher de Cambray**. — RP et le trait abréviatif. — ℟. SCI.GAV, avec trait abréviatif. Denier.

Cette pièce, d'une fabrique assez désagréable, est restée unique et est celle citée par Combrouse, n. 595.

Pepin ou Charlemagne

399. **Quentovic**. — RF avec trait abréviatif. — ℟. QUAN VVIC en deux lignes, avec deux traits abréviatifs. Très-rare et superbe denier.

400. **Melle** ou **Médoc.**— Légende indéchiffrable. — ℟. MEDOCUS. Nœud ou navette. Obole.

Charlemagne

401. *Id.* — CAROLVS en deux lignes. — ℟. RXF avec trait abréviatif au-dessus. Rare et très-beau denier.

402. **Avesnes** ? (*Nord*). — CAROLVS en deux lignes. — ℟. AVES également en deux lignes. Belle pièce de la plus grande rareté. Gravée n. 20. Denier.

403. **Bonn** (*Prusse rhénane*). CAROLVS en deux lignes. — ℟. BONA. Croisette et hallebarde. Pièce très-rare et fleur de coin. Denier.

404. **Chartres**. — CAROLVS en deux lignes. — ℟. CARNOAS. Croix dans un petit cercle. Denier.

405. **Vicht-Duerstede.** — CAROLVS en deux lignes. — ℟. DORSTAT en deux lignes avec hallebarde. Très-beau denier.

406. Variété de la même pièce. Deux pièces. Denier.

407. **Limoges.** — CAROLVS en deux lignes. — ℟. LEM. S en deux lignes. Deux traits abréviatifs. Très-beau et très-rare denier.

408. **Lyon.** CAROLVS en deux lignes. — ℟. LVGDVN en deux lignes. Dessous trois points. Rare et très-beau denier, un peu fracturé.

409. **Metz** ou **Melle**? — CAROLVS en deux lignes. — ℟. M ou croix ancrée, au-dessous ☰ et TE en monogramme. Type du n. 397. Très-beau denier.

410. **Melle** ou **Médoc.** — CAROLVS en deux lignes. — M+DCCVS en légende circulaire, l'V au milieu. Beau denier

411. **Melle**. — CAROLVS en deux lignes. — ℞. MEDOLVS en légende circulaire, rosace au milieu. Beau denier.

412. — Variété de la même pièce avec un grand monogramme, dans la légende, *medolus*. Beau denier.

Italie.

413. CARLVS IMP AVG. — Buste lauré. — ℞. XPISTIANA RELIGIO. Temple, une croix au milieu. Gravé n. 21. Très-rare denier.

414. CAROLO GRATIA DI. — Buste diadémé à droite. — ℞. AETER GLORIA RO. L'empereur debout à droite tenant le labarum ; le pied sur un captif, dans le champ R. Gravée n. 22. AR dédoré.

Cette très-ancienne pièce a été publiée par M. A. de Longpérier dans le catalogue Magnoncourt, page 122. Elle a dû être coulée sur un auréus romain, et la légende regravée. Elle n'a probablement jamais été émise comme monnaie, mais comme bijou.

415. **Lucques**. — D. N CARVLVS REX. Buste de face. — ℞. FLAVIA LVCA. Étoile radiée. Pièce de la plus grande rareté. OR pâle.

416. *Id.* — CARVLVS en deux lignes séparées par une triple croix, le champ semé de points. — ℞. LVCA, les lettres séparées par des croix, le champ également rempli de points, au centre une rosace. Très-rare denier.

417. **Parme**. — CAROLVS en deux lignes. — ℞. RXF. Au-dessus, trait abréviatif et dans le champ PARM en très-petites lettres. *Unique*. Superbe denier.

Cette rarissime, la piece capitale de cette vente, parmi la suite carlovingienne, a été publiée.

418. **Trévise**. — CAROLVS en deux lignes. — ℞. TARVISIVS en légende circulaire, au centre une croisette. Très-rare et superbe denier.

419. *Id.* — Grand monogramme de Charlemagne, avec A dans l'o — ℟. TARVISO. Rosace, au milieu un point. Très-rare et beau denier.

Cette pièce est la seule avec monogramme qui paraisse. frappée sous Charlemagne.

Charlemagne et Grim vald de Bénévent

420. CAR REX DOMS. Croix sur quatre degrés, accostée de S. R. dessous VIR. — ℟. GRIMVAL. Buste de face. Très-beau sou d'or.

421. Même tpye. Tiers de sou.

422. KAROLS en monogramme. — ℟. GRIMOAL en monogramme. Denier.

Monnaies au monogramme, classées à Charlemagne, et dont la majeure partie doit être restituée au monnayage de Charles le chauve, avant l'édit de Pistes.

423. **Agen.** — CARLVS REX FR. Croix. — ℟. AGINNO. Monogramme par K. Denier.

424. **Aix-la-Chapelle.** — Même type.— ℟. CI AGVIS. Même monogramme. Très-rare et magnifique denier.

425. **Melle.** — Même type. — ℟. METVLLO. Même monogramme. Denier.

426. *Id.* — Monogramme par K. — METVLLO. Croix. Trois variétés. Obole.

427. **Mayence.** — CARLVS REX FR. Monogramme par K. — ℟. MOGONTIA. Croix sur trois degrés. Denier.

428. **Milan.** — CARLVS REX FR. Croix. — ℟. MEDIOL. Monogramme par C. Beau denier.

429. **Pavie.** — Même type. — ℟. PAPIA. Monogramme par C. Très-beau denier.

430. **Toulouse.** — Même type. — ℟. TOLOSA. Monogramme par K. Très-beau denier.

431. *Id.* — Même type avec TOLVSA. Denier.

432. **Trévise.** — Même type. — ℟. TARVIS. Même monogramme. Très-rare et superbe denier.

Louis I le Débonnaire

433. DN HLVDOVVICVS IMP AVG. Buste lauré à droite.—℟. D. N. VIHVS. DVGNVI. Croix dans une couronne.—Gravée n. 23. Très-rare et superbe sou d'or.

434. Imitation barbare de la piece précédente. Tres-beau sou d'or.

435. H LVDOVVICVS IMP AVG. Buste lauré du roi à droite. — ℟. XPISTIANA RELIGIO. Temple, une I. au milieu. Très-rare et beau denier.

436. HLVDOVVICVS IMP. Croix. XPISTIANA RELIGIO. Croix. Très-beau denier.

437. **Aix en Provence**? — HLVDOVVICVS. Légende rétrograde. Croix. — ℟. AQVIS en deux lignes. Gravée n. 25. Très-rare et belle obole.

438. **Aquitaine.** — HLVDOVVICVS IMP. Croix. — ℟. AQVITANIA en deux lignes. Rare et superbe denier.

439. **Arles.** — Même type. — ℟. ALELATVM en deux lignes. Rare et superbe denier.

440. *Id.* — HLVDOVVICVS IMP. Buste lauré à droite. — ℟. ARELATVM Porte de ville. Très-rare et belle obole.

441. — **Bourges.** — HLVDOVVICVS IMP. Croix. — ℟. BITVRIGES en deux lignes. Rare et superbe denier.

442. **Coire** (*en Suisse*). Même type. — ℟. CVRIA en une seule ligne. Très-rare et superbe denier.

443. **Vich-Duerstede**. — HLVDOVICVS IMP AVG. Buste du roi à droite. — ℟. DORESTATVS. Navire. Pièce un peu fracturée. Denier.

444. **Lyon**. — HLVVDOVICVS IMP. Croix. — ℟. LVGDVNVM en deux lignes. Rare et superbe pièce un peu ébréchée. Denier.

445. **Marseille**. Même type. — ℟. MASSILIA en deux lignes. Très-beau denier.

446. **Melle**. — HLVDOVVICVS IMP AVG. Son buste lauré à droite. — ℟. METALLVM. Deux coins et deux marteaux. Magnifique denier.

447. *Id.* — HLVDOVICVS IMP. Croix. — ℟. METALLVM en deux lignes. Magnifique denier.

448. *Id.* — LVDOVIC en deux lignes. — ℟. METALLVM. Croix. Obole.

449. *Id.* — LVDOVVICVS. Croix. — ℟. METALLVM. Croix. Obole.

450. **Mayence**. — HLVDOVVICVS IMP. Croix. — ℟. MOGONCIACVS, le revers à moitié fruste. Denier.

451. **Nantes**. — Même type. — ℟. NAMNETVM en deux lignes. Très-rare et superbe denier.

452. **Narbonne**. — Même type. — ℟. NARBONA en deux lignes. Beau denier.

453. **Paris**. — Même type. — ℟. PARISII en une ligne. Superbe denier.

454. **Reims**. — Même type. — ℟. REMIS CIVIS en deux lignes. Beau et rare denier.

455. **Rouen**. — Même type. — ℟. ROTVMAGVS en deux lignes. Rare et superbe denier.

456. **Sens.** — Même type. — ℟. SENONES en deux lignes. Très-rare et beau denier.

457. **Toulouse.**— HLVDOVVICVS IMP AVG. Tête du roi à droite. — ℟. TOLVSA. Porte de ville. Gravée n. 24. Très-rare denier à fleur de coin.

458. *Id.* — Même piece également tres-rare. Obole.

459. *Id.* — HLVDOVVICVS IMP. Croix. — ℟. TOLOSA CIVITAS en trois lignes. Rare et magnifique denier.

460. **Tours.** — Même type. — ℟. TVRONES en deux lignes. Superbe denier.

461. **Vienne.** — Même type. — ℟. VIENNA en une ligne. Très-rare et magnifique denier.

462. **Emporiae.** — Même type. — ℟. IMPVRIAS en deux lignes. Très-rare et magnifique denier.

463. **Barcelone.** — Même type. ℟. BARCINONA en trois lignes. Également très-rare et très-beau denier.

464. **Lucques.** — Même type. — ℟. LVCA en une ligne. Très-beau denier.

465. **Milan.** — Même type. — ℟. MEDIOLANVM en deux lignes. Très-beau denier.

466. *Id.* — HLVDOVVICVS IMP AVG. Son buste lauré à droite. — ℟. MEDIOLANVM. Temple, une croix au milieu. Très-rare et beau denier.

467. **Pavie.** — HLVDOVICVS IMP. Croix. — ℟. PAPIA en une seule ligne. Superbe denier.

468. **Trévise.** — Même type. — ℟. TARVISIVM en deux lignes. Tres-rare et superbe denier

469. **Vénise.** — Même type. — ℟. VENECIAS en deux lignes. Très-beau denier.

Lothaire, empereur

470. **Italie?** — HLOTARIVS IMP. Croix cantonnée de quatre points. — ℟. XPISTIANA RELIGIO. Temple. Beau denier.

471. **Vicht-Duerstedt.** — IOTAMVS IMPERAT. Croix cantonnée de quatre points. — ℟. DORESTATVS. Temple. Denier.

472. **Milan.** — HLOTARIVS IMP. Croix. — ℟. MEDIOL en une seule ligne. Denier.

473. **Pavie.** — HLOMNRIVS IMP. — ℟. PAPIA en une ligne. Beau denier.

474. **Trèves.** — HLOTARIVS IMP. Croix. — ℟. TREVERIS CIVI. Temple. Très-rare et beau denier.

475. **Venise.** — HLOELARIVS IMP AV. Croix. — ℟. VENECIA en une ligne. Rare et beau denier.

Lothaire et le pape Léon IV

476. — HLVTHARIVS. Dans le champ IMP et quatre points. — ℟. SCS PETRVS. Dans le champ LO. PA. en monogramme. D. Promis pl. III, n. 8. Très-rare et beau denier.

477. Variété de la même pièce, sans points dans le champ de IMP. Très-rare et beau denier.

Lothaire I? et son fils Louis II?

478. **Venise**. — XPE SALVM VENECIAS. Temple. — ℟. D. S. CONSERVA ROMANO IMP. Croix cantonnée de quatre points. Très-beau denier.
Cette rarissime pièce a été publiée dans la *Revue française*, année 1837, page 273 et pl. VIII, n. 20.

Louis II, fils de Lothaire roi d'Italie

479. HLVDOVVICVS IMP. Croix cantonnée de quatre points. — ℟. XPISTIANA RELIGIO. Temple. Huit variétés. Denier.

480. Même type. Deux oboles.

Louis II et Benoist III

480 *bis*. **Rome**.— LVDOVVICVS IMP. Dans le champ ROMA. — ℟. SCS PETRVS. Dans le champ BNDITVS en monogramme. Très-rare et beau denier.

Pepin I, d'Aquitaine

481. PIPINVS REX. Croix. — ℟. AQVITANIA en deux lignes. Belle obole.

Pepin II, d'Aquitaine

482. **Melle**. — PIPINVS REX EQ. Croix. — ℟. METVLLO. Dans le champ PIPINVS en monogramme Rare et beau denier.

483. *Id*. — Même type. Belle obole de la plus grande rareté.

Charles II le Chauve

484. — CAROVS REI R. Croix. — ℞. GRATIA D-E. R. Monogramme par K. Très-rare et beau denier.

485. **Agen**. — CARLVS REX FR. Croix. — ℞. AGINO. Même monogramme. denier à fleur de coin.

486. **Amiens**. — GRATIA D-REX. Monogramme par H. — ℞. AMBINNIS CIVITAS. Croix. Superbe denier.

487. *Id.* — Même type. Monogramme par K. Rare et superbe obole.

488, **Angers**. — Même type. — ℞. ANDEGAVIS CIVITAS. Croix. Très-beau denier.

489. **Arles**. — CARLVS REX FR. Monogramme par K. — ℞. ARELATO. Croix. Il manque un quart de la pièce. Denier.

490. **Attigny**. — GRATIA D-I REX. Monogramme par K. — ℞. ATINIACO PA. Croix. Très-rare et beau denier.

491. *Id.* — Même type. — ℞. ATINIS CIVITAS. Belle et très-rare obole.

492. **Arras**. — Même type. — ℞. ATREBATIS CIVITAS. Croix. Superbe denier.

493. **Orléans**. — Même type. — ℞. AVRELIANIS CIVITAS. Croix. Denier.

494. *Id.* — Même type. La légende GRATIA est rétrograde. Belle obole.

495. **Bayeux**. — Même type. — ℞. HBAIOCAS CIVITAS. Croix. Très-beau denier.

496. **Beauvais**. — CAROLVS REX FRAN. Croix. ℞. BELVACVI CIVI. Monogramme barbare. Beau denier.

497. **Blois.** — GRATIA D-I REX. Monogramme par K. — ℟. BLESIANIS CASTRO. Croix. Superbe denier.

498. *Id.* Même type. Belle et très-rare obole.

499. **Chelles.** — CARLVS REX FR. Croix. — ℟. CALA MONAS. Monogramme par K. Beau et très-rare denier.

500. *Id.* — GRATIA D-I REX. Monogramme par K. — ℟. CALA MONASTA. Croix. Belle obole également d'une grande rareté.

501. **Cambray.** Même type. — ℟. CAMARACVS CIVIS. Croix. Rare et très-beau denier.

502. *Id.* — Même type. Très-rare et magnifique obole.

503. **Chartres.** — Même type. — ℟. CARNVTIS CIVITA. Croix. Denier.

504. **Cassel** (*Nord*). — GRATIA PI. Monogramme confus. — ℟. CASEI CIITA en deux lignes. Très-rare et belle obole.

505. **Melun.**— GRATIA D-I REX. Monogramme par K.—℟. CASTELLO MILEDO. Croix. Rare et superbe denier.

506. **Château-Landon.** — Même type. — ℟. CASTIS NANDONIS. Croix. Superbe denier.

507. **Châlons-sur-Marne.** — Même type. — ℟. CATALAVNIS CIT. Croix. Rare et très-beau denier.

508. **Le Mans.** — Même type. — ℟. CINOMANIS CIVITAS. Croix. Superbe denier.

509. *Id.* — Même type. Belle obole.

510. **Clermont en Argonne**? — CARLVS REX. Croix. — ℟. CLAROMINT. Monogramme par K. (Plutôt de Charles le Gros) Très-beau denier.

511. **Courtsessin**— GRATIA D-I REX. Monogramme par K. — ℟. HVCRTISASO NIEN. Croix. Beau denier.

512. *Localité incertaine*. Même type.— ℟. DEFISCA CVRINIO. Croix. Très-rare et superbe denier.

513. **Vicht-Duerstedt**. — CARLVS REX FR. Croix cantonnée d'un point.— ℟. DORESTADV. Monogramme par K renversé. Denier.

514. *Localité incertaine*.— GRATIA D-I REX. Monogramme par K.— ℟. GENCLIACO POP. (Portus). Croix. Pièce de la plus grande rareté. Denier.

515. **Jouarre** (*Monast*). — Même type.— ℟. IOTRENSIS M. Croix. Pièce également belle et de première rareté. Denier.

516. **Laon**. — Même type. — ℟. LVGDVNI CLAVATI. Pièce à fleur de coin. Denier.

517. **Narbonne**. — CARLVS REX. Croix. — ℟. NARBONA, monogramme par K. Très-beau denier.

518. **Nevers**. — GRATIA D-I REX. Mongramme par K. — ℟. NEVERNIS CIVITAS. Croix. Beau denier.

519. **Noyon**. — CARLVS REX FR. Croix. — ℟. NOVIOIM. Monogramme par K. Rare et très-beau denier.

520. **Le Palais**. — GRATIA DE-I REX. Monogramme par K. — ℟. PALATIN MOIN. Très-beau denier.

521. *Id*. — CAROLVS REX. Croix. — ℟. PALATINA MONEA. Monogramme par K. Très-beau denier.

522. **Paris**. — GRATIA DII REX. Monogramme par K. — ℟. PARISI ... ITAS. Croix. Il manque un quart de la pièce. Denier.

523. **Rennes**. — Même type. — ℟. HREDVNIS CIVITAS. Croix. Rare et très-beau denier.

524. **Reims**. — Même type. — ℟. REMIS CIVITAS. Croix. Beau denier.

525. *Id.* — Même pièce d'une plus basse époque. Beau denier.

526. *Id.* — Même type. Belle et très-rare obole.

527. **Rouen.** — Même type. — ℟. ROTVMAGVS CIVII. Croix. Beau denier.

528. *Id.* — Même pièce, le monogramme retourné. Beau denier.

529. **Saint-Andoche** (d'Autun). — Même type. — ℟. SC-I ANDITII. MINT. Croix. Très-rare et beau denier.

530. **Saint-Denis.** — Même type. — ℟. SCI DIONVSII MO. Croix. Superbe denier.

531. *Id.* — Même type. Obole.

532. **Saint-Quentin.** — Même type. — ℟. SC-I QVINT MOHN. Croix. Rare et beau denier.

533. **Soissons.** (Saint-Sébastien.)—Même type. — ℟. SCI SEBASTIANI MO. Croix. Très-rare et beau denier.

534. **Soissons.** — Même type. — ℟. SVESSIO CIVITAS. Croix. Denier.

535. **Troyes.** — Même type. — ℟. TRECAS CIVITAS. Croix. Beau denier.

536. **Toulouse.** — CARLVS REX FR. Croix. — ℟. TOLVSA. Monogramme par K. Beau denier.

537. **Tongres.** — GRATIA D-I REX. Monogramme par K. — ℟. TVNIERAS CIVITAS. Croix. Très-beau et rare denier.

538. **Tours.** — Même type. — ℟. TVRONES CIVITAS. Croix. Superbe denier.

539. **Valenciennes.** — Même type. — ℟. VALENCIENNIS PORT. Croix. Très-rare et magnifique denier.

540. **Vnedôme.** — Même type. — ℞. VENDENIS CASTRO. Croix.
Très-rare denier.

541. Atelier indéterminé. — IPATVI-VIOVIVV. Monogramme par K.
℞. VIVI VNQVSI AITV.

Charles le Chauve, empereur

542. **Bourges.** — CARLVS IMP AVG. Croix. ℞. BITVRIGES CIVIT.
Mongramme par K. Très-beau denier. 2 pièces.

543. *Id.* — Même type. Obole.

544. **Nevers.** — Même type. — ℞. NEVENIS CIVIT. Même monogr.
Beau denier.

Charles le Chauve et le pape Jean VIII

545. **Rome.** — KAROLVS IMP. Dans le champ IOHANS en monogr.
℞. S. CS PETRVS. Buste de saint Pierre. Superbe denier.

Charles d'Aquitaine ?

546. **Bourges.** — CARLVS REX. Buste lauré à gauche. — ℞. BITVRI-
CES en deux lignes. Beau et très-rare denier.

547. **Aquitaine.** — CARLVS REX R. Croix. ℞. AQVITANIA en deux
lignes. Obole. 2 pièces.

Charles de Provence

548. **Arles.** — CARLVS IMPERA. — ℞. ARILA CIVIS. Monogramme
par C. Denier. 2 pièces.

549. **Nîmes**. — CARLVS IMPER. Croix. — ℟. NIMIS CIVIS. Monogr. par C. Très-rare et beau denier.

Lothaire II, roi de Lorraine

550. **Verdun**. — HLOTARIVS IMP. Croix cantonnée de quatre points. ℟. VIRDVNVM CIVIS. Temple. Très-rare et magnifique denier.

551. *Id*. — Même pièce avec HLOTHARIVS REX. Denier.

551 *bis*. **Trèves**. — LOTARIVS REX. — ℟. TREVERIS. Gravée n. 26. Tres-rare denier

Carloman

552. **Arles**. — CARLEMANVS REX. Croix. — ℟. ARLEA CIVIS. Monogramme par C. Rare et très-beau denier.

553. *Id*. — Variété avec ARLIA. Rare et très-beau denier.

554. *Id*. — Autre variété avec SIVIS ANIA. Beau denier.

555. *Id*. — Autre variété avec ARELA CIVIS. Très-belle et rare obole.

556. **Château-Landon**. — CARIEMA DO IPEI. Monogramme par K. — ℟. CASTIS NANDON. Croix. Très-rare et beau denier.

Nous avons suivi ici l'attribution de Conbrouse, page 19, n. 201.

Louis III

557. **Provins**. — GRATIA D-I REX. Monogramme de Louis. — ℟. CASTA PROVINIS. Très-rare et superbe denier.

558. **Tours**. — MISERICORDIA DI REX. Croix. — ℟. TVRONES CIVITAS. Croix. Pièce brisée en deux. Denier.

559. — LVDOVVIC en deux lignes. — ℟. PISTIANA RI. Croix. Obole.

Boson, roi de Provence

560. **Vienne.** — BOSO GRALIA DI, dans le champ REX. — ℟. VIENNA CIVIS. Croix. Très-rare denier.

Bérenger

561. — HLVDOVVICVS IMP. Croix cantonnée de quatre points. — ℟. XPISTIANA RELIGIO. Temple. Très-beau grand denier.

562. Variété de la même pièce 2 pièces, denier ordinaire.

Louis l'Aveugle

563. — BERENGARIVS REX. Croix cantonnée de quatre points. — ℟. XPISTIANA RELIGIO. Temple. Rare et très-beau grand denier.

564. — Même type. Rare et beau denier.

Bérenger et Arnould

565. — BERENGARIVS REX. Temple. — ℟. ARNVLFVS PIVS REX. Croix cantonnée de quatre points. Grand denier.

Arnould

566. **Mayence.** — ARNOLDVS REX. Croix cantonnée de quatre points. — ℟. MOGONTIAE CIVIT. Rare et beau denier.

Carloman de Bavière, roi d'Italie

567. — CARLEMANVS REX. Croix cantonnée de quatre points. — ℞. XPISTIANA RELIGIO. Temple. Rare et très-beau grand denier.

Charlesl e Gros

568. **Le Mans.** — GRATIA D-I REX. Monogramme par C. — ℞. CNOM... ITAS. Croix. Denier fruste.

569. **Clermont** (en Argonne). — CARLVS REX. Croix. ℞. CLA-ROMINT. Monogram. par C. Denier.

570. **Quentovic.** — GRATIA DII-REX. Monogramme par K. — ℞. QVENTOVVICI. Croix cantonnée de deux points. Beau denier. 2 pièces.

571. **Melle**? — CAROLVS REX FR. Croix. — ℞. EX MEALLO NOVO. Monogramme par C. Très-rare et beau denier.

572. *Id.* — Même pièce à légende barbare MTELL. etc. Denier.

Charles le Gros, empereur

573. — II CAROLVS IMPERA. Croix cantonnée de quatre points. — ℞. XRISTIANA RELIGIO. Temple. Large, rare et beau grand denier.

574. — Même type avec IMPER. Rare et superbe denier de grandeur moyenne.

Louis de Germanie

575. **Strasbourg.** — HLVEOVICVS PIVS. Croix. — ℞. ARGENTINA CVNAS en deux lignes. Très-beau denier.

Charles-le-Gros et Eudes

576. **Orléans.** — GRATIA DII REX ODO. Monogramme par K. — ℟. AVRELIANIS CIVITAS. Croix. Rare et superbe denier.

Eudes

577. **Orléans.** — GRATIA DII. Dans le champ ODO REX en monogramme. — ℟. AVRELIANIS CIVITAS. Croix. Beau denier.

578. **Bourges.** — GRATIA DII REX. Même champ. — ℟. BITVRICES CIVITA. Croix. Denier.

579. **Chartres.** — Même type. — ℟. ..RNOTIS CIVITA. Croix. Denier fracturé.

580. **Limoges.** — Même type. — ℟. LIMOVICAS CIVIS. Croix. Denier.

581. *Id.* — Même type. Obole.

582. **Le Palais.** — Même type. — ℟. PALATINA MONE. Croix. Rare denier.

583. **Saint-Denis.** — GRATIA D-I R. Rétrograde. Même monogramme. ℟. SCI DIONISII M. Croix. Rare et beau denier.

584. **Blois.**— MISERICORDIA DII. R. Monogramme d'Eudes.— ℟. BLESIANIS CASTRO. Croix. Très-beau denier.

585. **Tours.** — Même type. — ℟. TVRONES CIVITAS. Croix. Très-beau denier.

586. *Id.* — Même type. Obole.

587. **Toulouse.** — ODDO REX FR. Croix. ℟. TOLOSII CIVI quatre annelets. Denier.

Robert Ier

588. **Paris.** — GRATIA DII REX dans le champ EOB. — ℟. PARISII CIVITAS en deux lignes dans le champ.
Très-rare et belle pièce.

Guy de Spolette empereur

589. **Italie.** — VVIDO GRATIA DI RE. Croix cantonnée de quatre points. — ℟. XRISTIANA RELIGIO. Temple.
Rare et très-grand denier.

Lambert empereur et le pape Jean IX

590. **Rome.** — LANTVERT IMP. Dans le champ monogramme de Jean IX. — ℟. SCS PETRVS. Buste de face de S. Pierre.
Pièce fracturée denier.

Charles le Simple

591. *Id.* — CARLVS REX. Temple — ℟. XRISTIANA RELIGIO. Croisette cantonnée de quatre points dans un cercle. Très-beau denier.

592. **Arras.** — GRATIA DII REX. Monogramme par C. — ℟. ATEBAS CIVI. Croix. Denier.

593. **Orléans.** — CARLVS REX FR. Croix cantonnée de quatre points. — ℟. AVRELIANIS. Temple. Rare et très-beau denier.

594. *Id.* — Même type avec porte de ville. denier.

595. **Beaugency**. — GRATIA D-I REX. Monogramme de Charles. — ℟. BALGENTI CASTRO. Croix cantonnée de deux points. Très-rare denier.

596. **Blainville?** — CARLVS REX. Croix cantonnée de deux points. ℟. BLEDONIS. Temple. Petit denier.

597. **Melle**. — CARLVS REX. Croix. — ℟. METVLLO 7 pièces variées. Deniers et oboles.

598. **Nevers ?** — HKAROLVS, REX. Croix cantonnée de quatre points. — ℟. HALIVERINIS CIVE. Temple. Très-rare denier.

599. **Paris**. — CAROLVS REX. Croix cantonnée de quatre points. — ℟. PARISIS CIVITAS. Monogramme par K. Beau denier.

600. **Reims**. — CAROLVS REX FR. Même croix. — ℟. REMIS CIVITAS. Temple. Rare et beau denier

601. **Sens**. — Même type. — ℟. SENONES CIVITAS. Temple. Denier.

Raoul

602. **Orléans**. — GRATIA DII REX. Monogramme de Raoul. — ℟. AVRELIANIS CIVITAS. Croix. Rare et beau denier.

603. **Paris**. — Même type. — ℟. PARISI CIVITA en deux lignes. Rare et très-beau denier.

604. *Id.* Variété avec PARIS ATIVI en deux lignes. Rare denier.

605. **Saint-Denis**. — Même type. — ℟. SCI DIONISII en deux lignes. Très-rare et superbe denier.

606. *Localité incertaine*. Même type.— ℟. VVALIA. K CASIIN en deux lignes. Très-rare et magnifique denier.

Louis IV d'outremer

607. **Paris.** — GRATIA DII REX. Dans le champ, LVDOVIC en légende circulaire. — ℟. PARISI CIVITAS en deux lignes. Très-rare et superbe denier.

608. **Toulouse.** — LVDOVCVS REX. Croix. — ℟. TOLOSA CIVI. Dans le champ, LVDO en deux lignes. Gravée n. 27. Très-rare et beau denier.

Berenger II

609. **Milan.** — BERENGARIVS REX. Monogramme du Christ. — ℟. XPISTIANA RELIGIO: Dans le champ, MEDIOLA en trois lignes. Très-beau denier.

610. **Pavie.**— Même type. Dans le champ, PAVIA CI également trois lignes. Superbe denier.

611. *Id.* — BERENGARIVS REX dans le champ. — ℟. AL...... Dans le champ, PAVIA en deux lignes. Denier.

Otton II

612. **Pavie.** — OTTO PIVS. Dans le champ, PAPIA en deux lignes. — ℟. IMPERATOR. Dans le champ OTTO. Denier. 2 pièces.

Othon II et Benoist VIII

13. **Rome.** — BENEDICT PP. Dans le champ OTTO. — ℟. SCS PETRVS. Dans le champ, ROMA. Rare et beau denier.

Henri l'Oiseleur

614. **Strasbourg.** — HENRICVS REX. Croix. — ℟. ARGENTINA CIVITAS en deux lignes. Denier.

615. **Mayence.** — Légende barbare. Croix cantonnée de 4 points — ℟. MOGONCI... Temple. Denier.

616. **Cologne.** — HEN.. Temple simulant un monogramme. — ℟. Divers monogrammes type de Cologne. 2 pièces. Denier.

Ces deux rares pièces ont été attribuées par Fougères et Combrouse à Pepin I, roi de France, n. 210 et 277.

617. **Verdun.** — HENRICVS. Dans le champ, REX. — ℟. VIRDVNI. Croix cantonnée d'un point. Denier.

618. *Id.* Même type. Obole.

Louis V.

619. **Langres.** — LVDOVICVS. Dans le champ, IX. — ℟. LINCONIS CIVITS. Croix. Denier.

620. **Sens.** — LVDOVICVS REX. Croix cantonnée de quatre points. — ℟. SENONES VRBS. Temple. Beau denier.

Lothaire II

621. **Bourges.** — LOTERIVS REX. Monogramme. — ℞. BITVRICES CIVIT. Croix. Denier.

622. *Id.* Même type. Obole.

623. *Id.* LOTERIVS REX. Croix. — ℞. BITVRICES CIVITAS. Temple. Denier.

Charles le Carlovinge? et Othon

624. GRATIA DII REX. Monogramme par C. — ℞. OTTO REX. Croix cantonnée d'un point. Très-rare denier.

Ce dernier Carlovingien avait pour cousin et protecteur Otton II. Il est donc possible qu'il ait été frappé des monnaies avec les deux noms.

3e RACE CAPÉTIENNE

Robert II et Adalberon

625. **Laon.** — ROBT. FRA... Buste du roi de face. — ℟. AD....ROI? Buste de face de l'évêque. Denier. 2 pièces.

Philippe Ier

626. **Orléans.** — DII DEXTRA BE. Porte de ville. — ℟. AVRELIANI. Croix. Denier.

627. *Id.* — Même type. Obole.

628. **Étampes.** — PHILIPPVS REX. Porte de ville. — ℟. STAMPIS CASTELLVM. Croix cantonnée de deux s. Rare denier.

629. **Châlon-sur-Saône.** — PHILIPPVS REX. Croix. — ℟. CAVILO CIVITAS B. Rare denier.

630. **Senlis.** — PHILIPPVS REX. Croix cantonnée de deux C. — ℟. SILVANECTIS CIVITAS. Monogramme confus. Denier.

631. **Sens.** — PHILIPPVS REX. Temple. — ℟. SENONIS CIVIS. Croix avec deux omégas suspendus. Rare et beau denier.

632. **Paris ?** — PHILIPPVS. Dans le champ, REX. — ℟. PAIIS CIVIS en légende barbare et rétrograde. Cuivre jaune. Denier.

Louis VI le Gros

633. **Bourges.** — LVDOVICVS REX. Tête du roi de face. — ℟. VRBS BITVRICA. Croix pattée. Beau et rare denier.

634. **Château-Landon, Étampes, Mantes, Nevers, Orléans, Pontoise, Paris.** 12 deniers variés et 3 oboles.

635. **Étampes.** — LODOVICVS REX. Monogramme. — ℟. STAMPIS CASTELLVM. Croix cantonnée de deux v. Belle obole.

636. *Id.* — LVDOVICVS REX. Porte de ville. — ℟. Même type ; la croix cantonnée de deux s. Rare et beau denier.

637. **Paris.** — LVDOVICVS. Dans le champ, REX. — ℟. PARISII CIVIS. Croix. Denier.

638. **Senlis.** — LVDOVICVS REX. Croix. — ℟. SILVANECTIS CIVIS. Croix à trois branches et un s. Denier.

Louis VII le Jeune

639. **Bordeaux.** — LODOICVS. Croix. — ℟. BVRDEGALV. Trois croisettes. Rare et beau denier.

640. **Bourbonnais.** — LODVICVS REX. Tête à gauche. — ℟. BORBONENSIS. Croix cantonnée de quatre points. Rare et beau denier.

641. *Id.* — LODVICVS REX. Croix et faucille. — ℟. Le même, la croix cantonnée de deux trèfles. Rare et beau denier.

641 *bis.* — Même pièce fracturée.

642. *Id.* — Même type, la croix cantonnée de deux trèfles et d'un croissant. Très-rare et belle obole.

643. **Saintes.** — LODOICVS REX. Croix. — ℟. STEINAS. Trois croisettes. Denier.

644. **Bourges.** — LVDOVICVS REX. Tête de face. — ℟. VRBS BITVRICA. Croix fleuronnée à pied. Denier. 2 p.

645. **Laon.** — LVDOVICVS RE. Buste couronné de face. — ℟. GALTERIVS EPS. Buste mitré de face. Rare et très-beau denier.

646. **Paris.** — LVDOVICVS REX. Dans le champ, FRANCO. — ℟. PARISI CIVIS. Croix. Denier et obole.

Philippe II Auguste.

647. **Arras, Laon, Montreuil, Paris, Péronne.** Deniers. 8 p.

648. **Bourges.** — PHILIPVS REX. Tête de face. — ℟. VRBS BITVRICA. Croix fleuronnée à pied. Rare denier.

649. **Saint-Omer.** — PHILIPPVS REX. Dans le champ, FRANCO. — ℟. SEINTHOMER. Croix cantonnée de deux crosses. Beau denier.

Louis VIII le Lion

650. **Paris.** — LVDOVICVS REX. Dans le champ, FRANCO. — ℟. PARISII CIVIS. Croix. Denier. 2 p.

651. **La Marche.**— LODOVICVS ENGOL. Croix. — ℟. VGO COMES MAR. Dans le champ, CHE, accosté de deux croissants. Rare et magnifique obole.

Louis IX S. Louis

652. **Ecu d'or.** — LVDOVIC DEI GRACIA FRANCOR REX. Ecu chargé de six lis. — ℟. XPC VINCIT XPC REGNAT XPC IMPERAT. Croix fleuronnée, dans le champ quatre lis.
Pièce rarissime et à fleur de coin.

653. **Aignel d'or.** — AGN, etc. Agneau passant à gauche, dessous LVD REX — ℟. XPC. Croix fleuronnée.
Rare et très-belle pièce.

654. **Gros tournois, denier** et **obole** tournois. 4 pièces.

655. **Gros tournois.** De frappe postérieure. Pièce religieuse AR.

656. *Id.* — LVDOVICVS REX. Croix. — ℟. LVDOVICVS REX. Croix, piéfort de billon de frappe postérieure. La 2e légende rognée.

657. **Piéfort du denier tournois.** — LVDOVICVS REX. Croix. — ℟. TVRONVS CIVIS. Chatel à la croix. Trois pièces variées; ces pièces ont encore dû servir à des usages religieux, elles sont trouées et ont été portées comme reliques.

658. **Gros tournois.** — Frappés en cuivre, comme jetons ou médailles religieuses. 5 belles pièces.

Philippe III le Hardi

659. **Royal d'or** dit **Mantelet.** — PH. DEI GRA FRACOR REX. Le roi debout de face accosté de deux lis. — ℟. XPC, etc. Croix fleurdelisée. Très-rare et belle pièce.

660. **Masse d'or.** — PHILIPP, etc. Le roi assis de face accosté de deux lis. — ℟. XPC, etc. Croix fleuronnée, cantonnée de quatre lis.

661. **Gros tournois.** — PHILIPPVS REX. Croix. — ℟. TVRONVS CIVIS. Chatel.

Philippe IV le Bel

662. **Chaise d'or** ou **gros royal.** — PHILIPPVS, etc. Le roi assis sur un trône gothique. — ℟. XPC, etc. Croix fleuronnée.
Rare et très-belle pièce.

663. **Masse d'or** ou **royal dur.** — PHILIPPVS, etc. Le roi assis sur un trône sans bras. — ℟. XPC. Même croix.
Magnifique pièce.

664. **Gros tournois.** 1/2 **gros**, **quart** de **gros**, **denier** et **obole** tournois, **Royal tournois** double, **fort bourgeois simple** et **obole**. 18 pièces.

665. **Piéfort du double Parisis.** — PHILIPPVS REX. Croix cantonnée d'un lis. — ℟. MONETA DVPLEX. Fronton de chatel entre deux lis, poids 6 gr. 5 déc. Rare et très-belle pièce.

666. *Id.* du **Royal Parisis double.** — PHILIPPVS REX. Croix fleuronnée. — ℟. MONETA DVPLEX. Dans le champ, REGALIS Poids 6 gr. Rare et très-belle pièce.

667. *Id.* du **Denier tournois.** — PHILIPPVS REX. Croix. — ℟. TVRONVS CIVIS. Chatel. Poids 10 gr. Rare et belle pièce.

668. *Id.* de l'**Obole tournois.** — Même type, poids 4 gr.
Très-rare et superbe pièce.

669. **Bourgeois de la langue d'oc.** — PHILIPPVS REX. Gros lis. — ℟. TO. LO. CI. VI. Croix. Rare et très-beau denier.

Louis X? le Hutin

670. **Aignel d'or.** — AGN, etc. Agneau passant à gauche; dessous, LVD REX. — ℟. XPC, etc. Croix fleuronnée. Cette pièce nous paraît être tout simplement un double exempl. de S. Louis.

Philippe V le Long

671. **Aignel d'or.** — Le type précédent, un marteau au-dessous de PH REX. Belle pièce.

672. **Piéfort du double royal?** — PHILIPPVS REX. Portail au trois lis. — ℟. TVRONVS CIVIS. Croix à pied, poids 6 gr. 5 décigr. Très-rare et superbe pièce, gravée n° 34. Le T pointé et le chatel au lis sont des signes qui permettent d'attribuer cette pièce à Philippe V.

Charles IV le Bel

673. **Royal d'or.** — KOL REX, etc. Le roi sous un portique. — ℟. XPC, etc. Croix fleuronnée.

674. **Gros tournois** et **demi-gros.** 5 pièces.

675. **Piéfort du double Parisis noir.** — KAROLVS REX. Couronne. — ℟. MONETA DVPLEX. Croix fleurdelisée, poids 6 gr. 5 décigr. Fruste.

676. **Obole Parisis.** — FRANCORVM REX. Grande couronne; dessous, K. — ℟. MONETA NOVA. Croix fleurdelisée à pied. Rare et très-belle pièce.

Philippe VI de Valois.

977. **Royal d'or.** — PHS, etc. Le roi debout sous un portail. — ℟. XPC, etc. Croix fleuronnée. Très-belle pièce.

678. **Double royal.** — PH DEI, etc. Le roi assis sous un portique. — ℟. XPC, etc. Croix fleuronnée. Superbe pièce.

679. **Parisis.** — PHILIPPVS, etc. Le roi assis tenant le sceptre et la main de justice ; à ses pieds, deux lions. — ℟. XPC, etc. Même croix. Pièce rare.

680. **Ecu d'or.** — PHILIPPVS, etc. Le roi assis tenant l'écu de France. — ℟. XPC, etc. Même croix.

681. **Lion.** — PH DEI, etc. Le roi assis les deux pieds sur un lion. — ℟. XPC, etc. Même croix.

682. **Pavillon.** — PHILIPPVS, etc. Le roi assis sous une tente semée de lis. — ℟. XPC, etc. Même croix.

683. **Ange.** — PHILIPPVS, etc. Ange debout de face tenant un écu. — ℟. XPC, etc. Même croix. Belle pièce.

684. **Chaise d'or.** — PHILIPPVS, etc. Le roi assis sur un trône gothique. — ℟. XPC, etc. Une croix. Très-belle pièce.

685. **Florin Georges.** — PHILIPPVS DEI GRACIA FRANCORVM REX. S. Georges au galop à gauche terrassant le dragon. — ℟. XPC, etc. Croix feuillée dans un cercle à quatre lobes, quatre lis cantonnent ces lobes ou cercles. Très-rare et belle pièce.

686. *Id.* — Même type, quatre écussons aux lis cantonnent les cercles du revers. Très-rare et superbe pièce.

687. **Gros parisis d'argent.** — PHILIPPVS, etc. Croix cantonnée de deux lis. — ℟. PARISIVS CIVIS ARGENTI. Grande couronne; dessous, FRANCO PHI en deux lignes. Rare et belle pièce.

688. **Gros tournois** à la queue, **quart de gros**, **double** et **denier tournois**, **denier parisis**, **gros au lis**, **obole** ou **maille**. 8 pièces.

689. **Piéfort du double Parisis.** — PHILIPPVS REX. Grande couronne. — ℟. MONETA DVPLEX. Croix fleurdelisée. Poids 4 gr. 5 decigr. Très-rare et superbe pièce en bon métal.

690. *Id.* **petit Parisis.** — PHILIPPVS REX. Dans le champ, FRANCO. — ℟. PARISIVS CIVIS. Croix. Poids 8 gr. 5 décigr.

691. *Id.* — *Id.* — Variété de la même pièce. Poids 7 gr.

692. *Id.* — *Id.* — Même pièce; la croix cantonnée d'une étoile. Poids 7 gr. 5 décigr.

693. **Piéfort du Parisis noir.**—PHILIPPVS REX. Dans le champ, FRANCO sous une couronne. — ℟. MONETA DVPLEX. Croix fleurdelisée. Poids 6 gr. Très-belle et rare pièce.

694. *Id.* du **double Parisis.** — PHILIPPVS REX. Gros lis. — ℟. Le même. Poids 8 gr. 5 décigr. Rare.

695. *Id.* d'un autre **double Parisis.** — PHILIPPVS REX. Dans le champ, deux lis accostés de FRAN. — ℟. Le même à la croix avec pied. Poids 9 gr. Belle et très-rare pièce.

696. *Id.* du **double tournois.** — PHILIPPVS FRAC. Grande couronne avec REX sur le bandeau. — ℟. Le même. Poids 11 gr. Rare et belle pièce.

697. *Id.* — Même pièce. Poids 7 gr. seulement.

698. *Id.* — **du Denier tournois.** — PHILIPPVS REX. Croix. — ℟. TVRONUS CIVIS. Chatel à la croix. Poids 6 gr. 8 décigr. Rare et superbe pièce.

Édouard III d'Angleterre.

699. **Ecu d'or.** — EDVVARDVS DEI GRA AGL FRANCIE REX. Le roi assis tenant l'écu de France. — ℞. XPC, etc. Croix fleuronnée dans quatre arcs de cercle. Rare et belle pièce.

Jean II dit le Bon.

700. **Florin d'or.** — S IOHANNES B. S. Jean debout. — ℞. FRANTIA. Gros lis.

701. **Ecu d'or.** — IOHANNES, etc. Le roi sur un trône tenant l'écu de France. — ℞. XPC, etc. Croix feuillue.

702. *Id.* — Même pièce or à bas titre, frappée pour le rachat du roi.

703. *Id.* — Piéfort en billon de la même pièce. Très-rare.

704. **Mouton d'or.** — AGN, etc. Mouton allant à gauche ; au bas, IOH REX. — ℞. XPC, etc. Croix feuillue. Très-belle pièce.

705. *Id.* — Piéfort en billon doré de la même monnaie. Belle et très-rare pièce.

706. **Franc à cheval.** — IOHANNES, etc. Le roi à cheval courant à gauche. — ℞. Même croix. 2 pièces.

707. **Gros tournois de 1350.** — IOHANNES REX. Croix. — SIT, etc. — ℞. TVRONVS CIVIS. Chatel à la croix. Très-belle pièce.

708. *Id.* — Piéfort de la même monnaie. Très-belle et rare pièce.

709. **Gros blanc** dit compagnon, **Gros d'argent** fin de la langue d'oc, **demi-gros**, **grand blanc** aux lis, **gros blanc**. *Id.* 5 pièces.

710. **Gros blanc** et **demi-blanc** à la couronne, **gros blanc** dit chartin, **grand blanc** à l'étoile. 6 pièces.

711. **Gros et petit blanc** à la couronne, **Gros** à la queue, **Gros** tournois, **denier parisis**, etc. 9 pièces variées.

712. **Piéfort du 1/2 gros d'argent.** — IOHANNES REX SIT, etc. Croix. — ℞. FRANCORVM. Chatel à la croix. Poids 10 gr. 5 décigr. Très-rare et superbe pièce.

713. *Id.* du **gros à la couronne**. — IOHANNES DEI GRA SIT, etc. Croix. — ℞. FRANCORV REX. Trois lis sous une couronne. Poids 14 gr. Très-rare et très-belle pièce.

714. *Id.* d'un autre **gros blanc à la couronne.** — IOHANNES DEI. Croix anglaise évidée au centre, avec une couronne dans le cercle SIT etc. — ℞. GRA FRANCORVM. Grande couronne, dessous, REX. Poids 23 gr. 5 décigr. Très-rare et belle pièce.

La monnaie dont ce beau piéfort est le prototype n'est pas parvenue jusqu'à nous.

715. *Id.* d'un autre **gros blanc à la couronne.** — IOHANNES REX, SIT. Croix cantonnée de deux trèfles. — ℞. Deux couronnes et quatre lis ; au milieu, FRANC. Poids 28 grammes. Très-rare et superbe pièce.

716. *Id.* du **gros blanc à l'étoile**. — IOHS FRACO REX, en trois lignes dans le champ ; autour, MONETA DVPLEX ALBA. — ℞. IOHANNES DEI GRA SIT, etc. Croix cantonnée de deux étoiles. poids 19 gr. Cette rare pièce a été détériorée par des coups d'instrument tranchant.

717. *Id.* du **gros tournois**. — IOHANNES DEI GRA SIT. Croix. — ℞. FRANCORV REX. Point dans l'o. Chatel à la croix. Poids 15 gr. Pièce rare.

718. *Id.* du **petit tournois**. — IOHANNES REX. Croix à pied. — ℞. TVRONVS CIVIS. Chatel au lis, couronne au-dessus du lis. Poids 8 gr.

719. *Id.* du **double parisis.** — IOHANNES REX. Dans le champ, FRANCORVM en deux lignes. — ℟. MONETA DVPLEX. Croix fleurdelisée à pied. Poids 12 gr. 5 déc. Rare et belle pièce.

720. *Id.* — Même pièce, billon doré. Poids 10 gr. *Id. Id.*

Charles V, dauphin.

721. **Gros d'argent.** — KROLVS. D. G. F. REG. Croix. SIT, etc. — ℟. DALPH VIENES. Chatel à la croix. Rare pièce à fleur de coin.

Charles V, roi.

722. **Royal d'or.** — Karol, etc. Le roi debout sous un portail. — ℟. XPC. Croix feuillue, autre avec KROLVS. 2 pièces.

723. **Franc à cheval.** — KAROLVS, etc. Cavalier à gauche. — ℟. XPC. Même croix.

724. **Gros tournois, blanc** et **denier** tournois. 6 pièces.

Charles VI, dauphin.

725. **Gros d'argent.** — KROLVS P. G. F. REX. Croix, SIT, etc. — ℟. DALPH VIENESI. Deux lis et deux dauphins. Rare et superbe denier.

Charles VI, roi.

726. **Royal d'or.** — KAROLVS, etc. Le roi debout de face, le champ semé de lis. — ℟. XPC, etc. Croix feuillue. 2 pièces variées.

727. **Aignel d'or.**— AGN, etc. Agneau allant à gauche, dessous K. F. RX. — ℟. XPC, etc. Même croix cantonnée de quatre lis. 2 pièces variées.

728. **Chaise d'or.** — KAROLVS DEI GRA FRANCORVM REX. Le roi assis entre deux écus aux trois lis. — ℟. XPC, etc. Croix feuillue cantonnée de quatre lis, dans quatre arcs de cercle séparés par des angles. Très-rare et magnifique pièce.

729. **Demi-heaume d'or.** — Même légende avec GRACIA. Ecu de France surmonté d'un heaume. — ℟. Même croix. Pièce également de première rareté.

730. **Salut d'or.** — Même légende : la Vierge et l'ange Gabriel debout ; au milieu l'écu de France couronné, au-dessus AVE. — ℟. XPC VINCIT, etc. Croix longue accostée de deux lis, dessous K, le tout dans un cercle à dix festons. Très-rare et belle pièce.

731. **Écu d'or à la couronne.** — KAROLVS, etc. Écu au trois lis. — ℟. XPC, etc. Croix feuillue, etc. 3 pièces.

732. **Piéfort**, en billon doré de la même pièce, poids 19 gr. Très-rare et belle pièce.

733. **Grand** et **demi-blanc,** dit guénar, **Gros** dit Grossu, **florettes, double tournois** et **blancs** au grand K. Gros d'argent, etc. 21 pièces variées.

Henri V d'Angleterre.

734. **Aignel d'or.** — AGN DEI, etc. Agneau passant à gauche ; dessous HF. RX. — ℟. XPC. Croix cantonnée de deux lis et deux léopards, dans un cercle à quatre lobes et quatre pointes. Pièce de la plus grande rareté mais avec une fente.

735. **Florettes, doubles tournois, denier tournois.** Quatre pièces.

Henri VI d'Angleterre.

736. **Salut d'or.** — HENRICVS, etc. Bustes de la Vierge et l'ange Gabriel, au-dessus des écussons de France et d'Angleterre. — ℟. XPC. Croix longue accostée d'un lis et d'un léopard, dessous H.

737. **Angelot d'or.** — HENRICVS FRANCORV ET ANGLIE REX. Ange tenant les écus de France et d'Angleterre. — ℟. XPC, etc. Croix longue entre un lis et un léopard.
Rare et superbe pièce frappée à Rouen.

738. *Id.* — Même pièce, moins belle, frappée à Paris.

739. **Grands** et **petits blancs aux écus parisis, maille tournois**, etc. 8 pièces variées.

Charles VII.

740. **Royal d'or.** — KAROLVS, etc. Le roi debout de face, le champ semé de lis. — ℟. XPC, etc. Croix feuillue.

741. **Aignel d'or.** — Type du n. 787, seulement une croisette dans un des cantons de la croix. 2 pièces variées.

742. **Écu d'or à la couronne.** — KAROLVS, etc. Écu couronné accosté de deux lis. — ℟. XPC, etc. Croix feuillue.

743. **Demi-écu d'or.** — Même type sans le lis près de l'écu.
2 pièces.

744. **Grande plaque, gros royal, gros blanc** des gens-darmes, etc., **demi-blanc, doubles, simples** et **petits tournois.** Guénar du duc de Bourgogne, etc.
12 pièces billon.

745. **Medaille d'argent** frappée à la monnaie de Paris pour l'expulsion des Anglais. Écu couronné accosté de deux palmes, *ferro pacem quesitam justicia magna conservas ero dovotus milites disciplina cohercens in ferem regnes hos insignes peragens actus tempora d. listeris hic et retro respice scies.* — ℞. Grand K couronné dans douze arcs de cercle, et légende circulaire également en trois lignes, *Regna patris possidens in pace que lilia tenens hostibus fractis vivas rex septime regnans Karole ferox rebellibus subditis eques erga tuos justus in hostes fortis et verax.* Poids 40 gr.

Cette superbe pièce, d'une conservation irréprochable, est connue à deux exemplaires seulement ; sa place n'est pas précisément avec les monnaies ; elle a été publiée par *Duchesne Haultin*, dans le *Trésor de glyptique*, et tout récemment par feu Vallet de Viriville, dans l'Annuaire de la Société de Numismatique, année 1867, page 222.

Louis XI, dauphin.

746. **Écu d'or au soleil.** — LVDOVICVS, etc. Champ écartelé de France et du Dauphiné. — ℞. XPC, etc. Croix feuillue cantonnée de deux lis et deux dauphins. Très-belle pièce.

Louis XI, roi

747. **Écu d'or à la couronne.** — LVDOVICVS, etc. Écu accosté de deux lis. — ℞. XPC. etc. Croix feuillue cantonnée de quatre couronnes.

748. **Demi-écu.** — Même type sans l'accostement.

749. **Demi-gros d'argent.** — LVDOVICVS FRANCORV REX. Trois lis sous une couronne. — ℞. SIT, etc. Croix fleurdelisée. Rare et très-belle pièce.

750. **Blanc à la couronne,** *Id.* **au soleil,** du **Dauphiné, denier, hardi, obole,** etc. 14 pièces.

Charles VIII.

751. **Écu d'or au soleil.** — KAROLVS, etc. Écu couronné. — ℟. XPC, etc. Croix fleurdelisée.

752. *Id.* — Même pièce, la croix cantonnée d'un B et d'un croissant. Belle et rare pièce.

753. *Id.* — Même pièce. La croix cant. de P. T. Rare et très-belle pièce.

754. **Demi-écu au soleil.** — Même type, sans cantonnement à la croix. Rare et belle pièce.

755. **Écu d'or de Bretagne.** — Le type précédent, l'écu accosté de deux hermines, Rennes et Nantes. 2 variétés.

756. **Écu d'or du Dauphiné.** —KAROLVS. Écu écartelé de France et du Dauphiné. — ℟. Même croix. 2 belles pièces variées.

757. **Blanc** à la couronne, **karolu, demi-karolu parisis, liards, hardi, oboles, blanc** et **karolu** de Bretagne. *Id.* **du Dauphiné.** 30 pièces variées.

758. **Aquila.** — KAROLVS REX FR. Écu de France couronné. — ℟. AQVILANA CIVITAS. Croix; un aigle au-dessous, cuivre. 2 pièces.

759. *Id.* — KAROLVS D. G. REX. Même écu. — ℟. TEATINA CIVITAS. Croix avec des rayons. Cuivre. 1 pièces variées.

760. **Naples.** — KROLVS DEI GRA R. FR. SIC. I. Trois lis sous une couronne. — ℟. XPS VIN XPS RE. XPS. IM. Croix échancrée. Cuivre.

761. **Salmone.** — KROLVS D. G. FR. SI I SMPE. Trois lis sous une couronne. — ℞. XPS, etc. Croix cantonnée de 4 croisettes. Cuivre.

762. **Gênes.** — K. REX F. D. JANVE. Ecu chargé d'un lis et d'une porte de ville, dessous B. — ℞. CONRADVS REX R. Croix.
Ces pièces doivent être restituées à Charles VI ou VII.

763. **Pise.** — **Gros d'argent.** KAROLVS REX PISANORVM LIB. — ℞. Ecu de France accosté de K. L. — ℞. PROTEGE VIRGO PISAS. La Vierge assise tenant l'enfant Jésus. Rare et belle pièce trouée.

Louis XII.

764. **Écu d'or au soleil.** — LVDOVICVS, etc. Ecu couronné. — ℞. XPS, etc. Croix fleurdelisée.

765. **Demi-écu.** — Même type. Rare et belle pièce.

766. **Écu d'or au porc-épic.**— Le type précédent, deux porcs-épics soutenant l'écu.

767. **Écu d'or du Dauphiné.** — LVD, etc. Champ écartelé de France et du Dauphiné. — ℞. Le même. 2 pièces variées.

768. **Écu d'or au soleil de Provence.** — Type du n. 764, avec PVIE COMES.

769. **Écu d'or de Bretagne.** — Même type, l'écu accosté de deux hermines et supporté par un porc-épic. Belle pièce.

770. **Teston d'argent.** — LVDOVICVS, etc. Buste à couronne plate à droite. — ℞. XPS VINCIT, etc. Ecu couronné; cette pièce a été brisée en deux et ressoudée.

771. **Demi-teston.** — Même type. Tres-rare.

772. **Gros blanc, dixains, douzains, demi-douzains, blanc** à la **couronne**, du **Dauphiné**, de **Bretagne**, de **Provence**, **hardis**, etc.
14 pièces, dont trois belles et rares.

Pièces Franco-Italiennes

773. **Gênes**. **Ecu d'or au soleil.** — LVD DEI GRACIA FRANCOR REX Z JANVE D. Ecu de France couronné.—℟. XPS, etc. Croix fleurdelisée. Rare et belle pièce.

774. *Id.* — **Ducat d'or.**— LV REX FRANC ET C ET JANVE P. Porte de ville. — ℟. CONRAD REX ROMANORV, G. Croix dans douze arcs de cercle. Rare et superbe pièce.

775. *Id.* **Ducat** ou **Teston d'argent.** — LVDOVIC REX FRANC C JA D. Porte de Gênes accostée de deux lis. — ℟. Même type, la croix cant. de deux lis. Rare et très-belle pièce.

776. **Milan. Double ducat d'or.**— LVDOVIC DE G FRANCOR REX. Buste du roi avec une toque plate. — ℟. MEDIOLONI DVX S. Ambroise à cheval dessous l'écu de France.
Pièce très-rare, mais ayant été à moitié rompue.

777. *Id.* — **Teston d'argent**. — Même type des deux côtés.
Rare et belle pièce.

778. *Id.* — **Ducaton**. — Même légende et même tête. — ℟. ET MEDIOLANI DVX ET C. Ecu écartelé de France et de Milan accosté de deux couronnes. Très-rare et belle pièce.

779. *Id.* — **Ducat** ou **Teston**. — LVDOVIC D. G REX FRANCOR. Ecu de France accosté de deux lis. — ℟. MEDIOLANI DVX S. Ambroise assis de face. Rare et belle pièce.

780. *Id.* — **Gros d'argent**. — Même type. Tête de S. Ambroise pour différent.

781. **Milan.** Même pièce en cuivre, trouée : pièce fausse du temps.

782. *Id.* — **Demi-gros** ou **bissone**. — LVD. etc. Ecu de France accosté de deux guivres. — ℟. MEDIOLANI, etc. Pallium.
Belle pièce.

783. *Id.* — **Gros** ou **sol.** — LVD. G. FRANCOR REX. Ecu chargé de deux lis et d'une guivre. — ℟. MEDIOLANI DVX ET C. Croix feuillue. Très-belle et rare pièce de billon.

784. *Id.* — **Parpailloles** et **patards**.
8 pièces variées, plusieurs rares.

785. **Naples. Écu d'or.** — LVD FRAN REGNIO G. NEAP R. Buste couronné du roi. — ℟. PERDAM BABILONIS NOMEN. Ecu de France couronné.
Pièce très-rare, mais une fente traverse la tête.

786. *Id.* — Même médaille frappe moderne également en or.

787. *Id.* — **Carlin** ou **gros**. — LVD. etc. Le roi assis de face. — — ℟. EXVLEENT, etc. Croisette fleurdelisée.
Rare et belle pièce, mais rognée.

788. *Id.* — **Denier.** — LVDO, etc. Croisette fleurdelisée. — ℟. POPVLI COMODITAS. Ecu de France couronné. Très-belle pièce.

François Ier

789. **Essai de l'écu d'or à la tête du roi.** — FRANCISCVS DEI GRA FRANCORVM REX. Buste couronné du roi à droite. — ℟. NO NOBIS DNE SED NOI TVO DA GLORIE. Ecu de France couronné, accosté de deux F couronnés. Pièce unique, gravée dans Le Blanc Conbrouse, etc., d'une conservation irréprochable.

790. **Demi-écu d'or d'essai.** — FRACISC. I. DEI G. FRAC REX. Le roi armé et couronné allant à cheval à droite. — ℟. DEVS AVXILIVM TVVM REGI EA. Ecu de France couronné. Très-belle pièce de la plus grande rareté.

Cette pièce, tout à fait capitale, a été gravée dans Conbrouse, mais avec des erreurs; nous en avons de nouveau publié le dessin sur notre planche n. 36.

791. **Ecu d'or au soleil.** — FRANCISCVS, etc. Ecu couronné. — ℟. XPS. Croix fleurdelisée cantonnée de deux F et de deux lis.

792. **Demi-écu.** — Même type.

793. **Ecu d'or au soleil.** — L'écu accosté de deux lis. — ℟. La croix cantonnée de deux F et deux couronnes.

794. *Id.* — L'écu accosté d'un G et d'un lis. — ℟. La croix cantonnée de deux lis et deux F.

795. *Id.* — Même pièce, l'écu sans accostement. — ℟. La croix cantonnée de deux F seulement.

796. *Id.* — Même pièce, la croix sans cantonnement.

797. **Ecu d'or à la salamandre.** — Même type, l'écu accosté de deux salamandres. — ℟. La croix cantonnée de deux F et deux salamandres.

798. **Ecu d'or de Bretagne.** — Même type, l'écu accosté d'une hermine et d'un F couronné. Nantes.

799. **Ecu d'or du Dauphiné.** — FRANCISCVS, etc. Champ écartelé de France et du Dauphiné. — XPS, etc. Croix fleurdelisée.

800. *Id.* — Même pièce, la croix cantonnée de deux F couronnés.

801. *Id.* — Même pièce, la croix cantonnée d'un lis et d'un dauphin.

802. *Id.* — Même type, la croix cantonnée de deux dauphins.

803. **Ecu d'or à la croisette.** — FRAN, etc. Ecu couronné. — ℟. XPS, etc. Croisette dans un cercle à douze festons.

804. **Demi-écu.** — Même type.

805. **Ecu d'or du Dauphiné à la croisette.** — FRANCISCVS, etc. Ecu écartelé de France et du Dauphiné. — — ℟. XPS, etc. Même croisette. Rare.

806. **Teston, demi-teston.** — Buste juvénile et à la couronne plate. Lot de six belles pièces.

807. **Teston** et **demi-teston.** — A la couronne radiée. Lot de 3 belles pièces.

808. **Testons** et **demi-testons** de Bretagne. Au béret et à la couronne fleurdelisée. 3 pièces.

809. **Testons** et **demi-testons** de France et du Dauphiné, etc. De conservation ordinaire. 12 pièces.

810. **Douzains** à la couronne, à la croisette, de Bretagne, du Dauphiné. **Doubles** et **deniers** tournois, **liards**, etc. Lot de 33 pièces, plusieurs très-rares.

Monnaies Franco-Italiennes

811. **Gènes, gros teston.** — FRANCISCVS DEI G. FRANCOR REX. Porte de ville accostée d'un F et d'un lis couronné. — ℟. CONRADVS REX ROMANOR M. B. Croix. Belle et très-rare pièce.

812. *Id.* — **Demi-gros.** — Même type. Très-belle et très-rare.

813. *Id.* — **Quart de gros**? — Même type, la porte sans accostement. Très-rare.

814. **Asti sol** ou **patard.** — FRAN FRAN AC EST DVS. Trois lis. sous une couronne. — ℟. SANCTA INTERCEDE TN. Croix fleurdelisée. Très-rare pièce de billon.

815. **Milan. Teston.** — FR. D. G. FRACOR REX. S. Ambroise assis de face. — ℟. MEDIOLANI DVX ET C. Ecu écartelé de France et de Milan. Pièce très-rare, mais déformée.

816. *Id.* — **Gros d'argent.** — FRANCIS, etc. Salamandre couronnée à gauche. — ℟. MEDIOLÀNI DVX ETC. grand F gothique couronné. Trés-rare.

817. *Id.* — **Quatrin** ou **denier.**— FR D. G. FRANCOR REX. F couronné. — ℟. MEDIOLANI DVX ET C. . Croix feuillue. 2 pièces.

Henri II

818. Essai au balancier de l'**Ecu d'or au soleil.** — HENRICVS II D. G. FRANC REX, 1552. Ecu couronné entre deux croissants; dessous A. — ℟. CHRS VINCIT, etc. Croix évidée et fleurdelisée cantonnée de deux H et deux croissants. Très-rare et magnifique pièce.

819. **Ecu d'or à la croisette.** — HENRICVS, etc. Ecu de France couronné; dessous L. — ℟. XPS, etc. Croisette dans douze festons. Belle et rare pièce.

820. **Ecu d'or à la tète.**— HENRICVS, etc. Buste cuirassé et couronné du roi à droite. — ℟. XPS, etc. Ecu de France couronné, accosté de deux H, frappé à Lyon. Rare et très-belle pièce.

821. *Id.* — Variété, la couronne placée sur le sommet de la tête, frappé à Bayonne. Egalement rare et superbe pièce.

822. — **Double Henri d'or.** — HENRICVS, etc. Buste cuirassé à la tête nue. — ℟. DVM TOTVM, etc. Croix formée par quatre H couronnés, cantonnée de quatre lis et quatre croissants, frappé à Rouen. Belle pièce.

823. *Id.* — Même pièce, la cuirasse damasquinée, Paris. Belle pièce.

824. *Id.* — Variété dite au buste soucieux, Bordeaux. Très-belle pièce.

825. *Id.* — La même, la cuirasse à rivets, La Rochelle. Belle pièce.

826. **Henri d'or.** — Type du n. 822. Bordeaux.

827. *Id.* — Variété du même type. Très-belle pièce d'un beau style. Caen.

828. *Id.* — Type du n. 825. Angers. Belle pièce.

829. **Demi-Henri d'or.** — Même type. Rouen. Rare et très-belle pièce.

830. **Double Henri d'or.** – Même type, le buste lauré et cuirassé, frappé à La Rochelle. Rare et belle pièce.

831. **Henri d'or.** — Même type, la cuirasse à rivets. Bayonne. Belle et rare.

832. — *Id.* Même pièce, Rouen. Cette pièce a été pliée.

833. **Double teston? d'argent.** — HENRICVS II GALLIAR REX CHISTIANISSIMVS. Buste drapé, lauré et cuirassé du roi à droite. — ℞. DONEC TOTVM COMPLEAT ORBEM, 1558, grand croissant couronné.

Cette belle pièce, d'un art remarquable, nous paraît être tout simplement une médaille; quoique frappée à Paris, l'atelier monétaire n'y est pas inscrit, et son poids, de 21 grammes, ne concorde nullement avec celui de deux testons.

834. **Teston d'essai.** — Même type, le buste plus court, sans date, lettre A. Paris. Belle et très-rare pièce.

835. **Demi-teston.** — Même type. Très-rare.

836. **Piéfort de demi-teston.** — Même type. Double de poids. Très-rare et belle pièce.

837. **Teston de F. Guilhem.** — HENRICVS, etc. Buste cuirassé avec la couronne fermée. — ℞. XPS, etc. Écu couronné accosté de deux H. Belle pièce.

838. **Teston de J. de Beaucousin ?** — HENRICVS, etc. Buste cuirassé, tête nue à droite. — ℟. Le même. Belle pièce.

839. **Demi-teston.** — Même type. Belle pièce.

840. **Teston au balancier de Grondelle.**— HENRICVS, etc. Profil lauré à droite. — ℟. Le même. Belle pièce.

841. **Teston égalemen[illegible] à balancier, coin de Béchot.** — Même type ; le buste plus allongé. Belle pièce.

842. **Testons, demi-tes[illegible]s** à tous les types du règne. — Conservation ordinaire ; [illegible]usieurs rares. 14 pièces.

843. **Gros, demi-gros, douzains** de France, de Dauphiné, **double** et **deniers tournois**. — 25 pièces, plusieurs rares.

Monnaies franco-italiennes

844. **Denier pour épouser.** — QVOD DEVS CONIVNXIT. Deux lis, dessous croissant. — ℟. HOMO NON SEPARET. Croix fleuronnée cantonnée de deux H et deux D. Henri et Diane de Poitiers. Très-rare et superbe denier.

845. **De[illegible]i-denier.** — SALVATOR MONDI. Deux lis et croissant. — ℟. IESVS CHRISTVS. Croix dans quatre arcs de cercle.

846. **Sienne. Teston ou ducat.** — R. P. SEN. IN. MILICINO HENRICO II AVSP. La louve à gauche, dessous A, 1556. — ℟. TVO CONFISI PRÆSIDIO. La Vierge sur le nuage. Belle et très-rare monnaie.

847. *Id.* — **Denier.** — R. P. SEN MONTE ILLINO. Louve dessous, 1557.— ℟. HENRICO II AUSPICE. Croix fleurdelisée. Billon.

François II, coins de Henri II

848. **Henri d'or.** — HENRICVS, etc. Buste cuirassé, la tête nue à droite. — ℟. DVM TOTVM, etc. Croix formée de quatre H couronnés. Lyon. 1560. Belle pièce.

849. **Testons.** — Divers types, conservation ordinaire. 4 pièces.

F a ois II

850. **Jeton d'argent du sacre.** — FRANCISCVS II D. G. REX. Son buste lauré et cuirassé à droite. — ℟. SACRA AC SALVTA 17 SEPT. A. D. 1559. REMIS. Main tenant la sainte ampoule. Superbe pièce à fleur de coin.

François II et Marie Stuart

851. **Gros d'argent ou schelling.** — FRAN ET MA D. G. R. N. SCOTOR D. D. VIEN. Écu de France, d'Écosse et du Dauphiné sur une croix. — ℟. FECIT VTRAQVE VNVM, 1558. Dans le champ, M et F en monogramme sous une couronne, deux croisettes provençales pour accostement. Rare et très-belle pièce.

852. **Demi-gros.**— Même type, 1559. Rare et très-belle pièce.

853. **Autre gros.** — FRAN ET MA. D. G. FRANCO SCOTOR Q. Écu mi-parti de France et d'Écosse couronné. — ℟. VICIT LEO DE TRIBV IVDA, 1560. Même monogramme accosté d'un lis et d'un chardon. Rare et superbe pièce.

854. **Demi-gros.** — Même type. Très-rare et belle pièce.

855. **Quart de gros** de billon.—IAM. NON. SVNT DVO. SED VNA CARO dans un cartouche; dessous, 1559.

856. **Gros d'argent** ou **jeton d'or**. — DELICIE DNI COR HVMILE. Écu aux armes d'Écosse couronné. — ℟. DILIGITE IUSTICIAM. Même monogramme accosté de deux soleils.
Rare et magnifique pièce.

Marie Stuart

857. **Teston ou schelling**. — MARIA DEI GRA. SCOTORVM REGINA II. Buste de la reine à gauche, dessous 1552. — ℟. SALVVM FAC POPVLVM DOMINE. Écu mi-parti de France et d'Écosse, accosté de deux M couronnés. Rare et très-belle pièce.

Charles IX

858. **Testons et demi-testons** au type d'Henri II. France et Dauphiné. 4 pièces.

859. **Ecu d'or au soleil**. — CAROLVS VIIII, etc. Ecu couronné. — ℟. CHRS, etc. Croix fleurdelisée. Belle pièce.

860. **Demi-écu d'or.** — Même type. Belle pièce.

861. **Ecu du Dauphiné**. — Même type, l'écu écartelé.
Belle et rare pièce.

862. **Piéfort du teston** (d'essai). — CAROLVS VIIII DE G. FRANCO REX 1573. Son buste lauré, fraisé et cuirassé à gauche.—℟. SIT, etc. Écu de France couronné, accosté de deux C couronnés, dessous lettre A. Sur la tranche. ASSERTORI VERÆ RELIGIONIS. Poids 19 gram. Très-rare et admirable pièce.

863. **Piéfort du demi-teston.** — Même type. Poids 19 gr.
Rare et très-belle pièce.

864. **Piéfort du demi-teston** (courant). — CAROLVS VIIII D. G. FRANCO REX. Son buste lauré et cuirassé à gauche. — ℟. Le Même avec MDLXI. Poids 18 gr. 5 décigr. sans tranche.
Également très-rare.

865. **Testons et demi-testons** aux divers types du règne; plusieurs très-rares. 15 pièces.

866. Double et sol parisis, douzains, liards, etc. 11 pièces.

867. **Piéfort de douzains.**— CAROLVS, etc.—Écusson accosté de deux C couronnés. — ℟. SIT, etc. Croix cantonnée de deux lis et deux couronnes. Rare et superbe pièce.

868. **Essai du double tournois.** — CAR. IX D. G. F. R. 1573. P. M. Trois lis sous une couronne. — ℟. SIT NOM DNI BENE. Croix. Très-belle pièce.

869. **Piéfort de denier tournois.** — CAR, etc. Deux lis sous une couronne. — ℟. SIT, etc. Croisette. Rare et belle pièce.

870. **Essai d'argent** de la même monnaie. Très-rare et très-belle pièce.

871. **Essai d'argent du demi-sol?** CAROLVS VIIII D. G. FRAN REX. Deux lis dans trois arceaux. — ℟. SIT, etc. Croisette dans quatre arcs de cercle. Très-rare et superbe pièce.

Henri III

872. **Écu d'or au soleil.** — HENRICVS, etc. Écu couronné. — ℟. CHRIST, etc. Croix à bras tortillés et fleurdelisés.
Très-belle pièce.

873. **Demi-écu d'or.** — Même type. *Id.*

874. **Autre écu d'or.**—Même type, l'écu accosté de deux H. Rare.

875. **Franc, demi-franc, quart et huitième** d'écu, **teston.** 6 pièces.

876. *Id.* — Autre lot de mêmes pièces. 11 pièces.

877. **Douzains, sol et double sol** parisis, **liards**, doubles et **deniers tournois**, etc. 21 pièces.

878. **Piéfort de teston.** — HENRICVS III D. G. FRANCOR ET POL. REX, 1577. Buste lauré et cuirassé à droite. — ℟. SIT, etc. Écu couronné, au bas A, sur la tranche PACI QVIETI AC FÆLICITATI PVBLICÆ. Poids 38 grammes. Très-rare.

879. **Piéfort du demi-teston.** — Même type. Poids 19 gr. Très-rare et superbe pièce.

880. **Piéfort du franc d'essai.** — Légende et buste des précédentes, 1576. — ℟. SIT, etc. Croix feuillée avec un H au centre; sur la tranche, la légende précédente. Poids 56 gr. Très-rare et très-belle pièce.

881. *Id.* — Même pièce, un peu moins belle, datée 1577.

882. *Id.* — Même pièce, moitié moins épaisse. Poids 28 grammes. Très-belle et plus rare que la précédente.

883. **Piéfort du demi-franc.** — Même type et même tranche. Poids 19 gr. Belle et très-rare pièce.

884. *Id.* **du quart de franc.** — Même type, tranche cannelée. Poids 14 gr. Très-rare et superbe pièce.

885. *Id.* **du quart d'écu.** — HENRICVS IIII, etc. Croix fleurdelisée. — ℟. SIT, etc. Écu couronné accosté de deux H; sur la tranche, EXEMPLVM CONSTITVTÆ REI NVMMARIÆ. Poids 14 gr. Très-rare et très-belle pièce.

886. *Id.* **du gros de Nesle.** — HENRICVS, etc. Grand H couronné. — ℟. SIT, etc. Croix fleurdelisée, tranche cannelée. Frappé à Paris. Poids 18 gr. Très-rare et très-belle pièce.

887. *Id.* **du demi-gros.** — Même type, tranche cannelée. Poids 9 gr. Très-rare et très-belle pièce.

888. **Double tournois** (Essai d'argent); le buste des pièces précédentes. — ℟. DOVBLE TOVRNOIS, 1578. Trois lis. Frappé à Paris. Rare.

889. **Denier tournois** (Essai d'argent). Même type, 1586. Deux lis seulement. Frappé à Poitiers. Rare.

890. **Saint-Quentin** (quart d'écu). — HENRICVS III D. G. FRAN ET POL REX. — ℟. H. D'ORLÉANS D. A LONGVAVIL FACIEBAT. Dans le champ, PRO CHRISTO ET REGE, S. Q. 1589. Très-rare et belle pièce.

891. **Jeton d'argent du sacre.** — ℟. SACRA AC SAL REMIS FEB. XIII 1575. Main tenant la sainte ampoule. Rare et belle pièce.

Charles X, roi de la Ligue

892. **Ecu d'or au soleil.** — CAROLVS X. D. G. FRANC REX. L. A. Ecu couronné. — ℟. SIT NOMEN DOMINI BENEDICTVM, 1590. Croix fleurdelisée, au milieu L. Très-rare.

893. *Id.* — Même type sans L. A. et avec CHRISTVS, etc., au revers.

894. **Teston d'argent.** — CAROLVS D. G. FRANCORVM REX, 1590. A. Buste couronné à gauche. — ℟. SIT, etc. Croix fleuronnée et fleurdelisée, deux C croisés au milieu. Très-rare et superbe pièce.

Henri IV.

895. **Écu au soleil.** — HENRICVS IIII. Ecu couronné. — ℟. CHRIS-TVS, etc. Croix formée de quatre H. Aix, 1596.
Rare et belle pièce.

896. *Id.* — *Id.* —Même type, la croix à bras tortillés. Rouen, 1608.
Rare et belle pièce.

897 **Demi-écu d'or.** — Même type. Paris, 1604.
Rare et belle pièce.

898. **Demi et quarts de franc** (d'argent). — Avec la tête du roi.
9 pièces.

899. **Quarts et 8 d'écus** de France, du Dauphiné, de Béarn et de Navarre.
12 pièces.

900. **Douzains, double et deniers tournois.** 13 pièces.

901. **Essai du franc d'argent.** — HENRICVS, etc. Buste lauré à droite. — ℟. SIT, etc. Croix fleuronnée, une H au cœur, tranche cannelée, frappée à Paris. Très-rare et belle pièce.

902. **Piéfort** de la même pièce avec PERENNITATI PRINCIPIS GALLIÆ RESTITVTORIS. Poids 56 gr. Rare et très-belle pièce.

903. **Essai du demi-franc.** — Même type, tranche cannelée.
Rare et belle pièce.

904. **Piéfort** de la même pièce avec PERENNITATI, etc. Poids 28 gr.
Rare et belle pièce.

905. **Essai du quart** de **franc.**—Même type, tranche cannelée.
Rare et belle pièce.

906. **Piéfort.** — Avec PERENNITATI, etc. Poids 14 gr.
Rare et belle pièce.

907. **Piéfort du quart d'écu.** — HENRICVS, etc. Croix fleurdelisée. — ℞. SIT, etc. Ecu de France couronné ; sur la tranche, EXEMPLVM PROBATI NVMISMATIS. Poids 38 gr.
Très-rare et très-belle pièce.

908. **Piéfort du 8e d'écu.** — Même type, tranche cannelée. Poids 10 gr. Pièce très-rare et à fleur de coin.

909. **Piéfort du douzain.** — HENRICVS, etc. Ecu accosté de deux H. — ℞. SIT, etc. Croix cantonnée de deux H et deux couronnes, tranche cannelée. Rare et superbe pièce.

910. **Essai d'argent du liard.** — HENRI IV D. G. F. ET NA REX B. D. Deux H couronnés et deux vaches dans le champ. — ℞. GRATIA DEI SVM. Q. D. SVM. Croix dans quatre arcs de cercle. Très-rare et superbe pièce.

911. **Siége de Cambray** (Jean de Montluc). — HENRIC PROTECTORE. Ecu de France, accosté de XX. P. (vingt patards).
3 pièces plomb et cuivre.

Louis XIII

912. **Dix louis.** — LVDOVICVS XIII D. G. FRAN. ET NAV. REX. Buste lauré et drapé à droite ; CHRISTVS, etc. Croix formée de huit L couronnés cantonnée de quatre lis.
Très-rare et splendide pièce.

913. **Huit louis.** — Même type, sans la draperie. Superbe pièce.

914. **Six louis ?** — Même buste drapé. — ℞. ARTE MEA BIS IVSTVS La justice assise à gauche ; à l'exergue, MONETA LVD. IVST. 1641. Poids 37 gr. 5 décigr., 3 gr. de moins que les six louis. Très-rare et admirable pièce.

915. **Quatre louis.** — Même tête sans le manteau.— ℟. La croix du n. 912, année 1640. Très-rare et superbe pièce.

916. **Double louis.** — Même type, 1640.

917. **Louis.** — *Id.* — année 1640, 41, 42. 3 pièces.

918. **Demi-louis.**— *Id.* — 1641, 42. 2 pièces.

919. **Écu d'or au soleil** (au marteau). — LVDOVICVS, etc. Ecu couronné. — ℟. CHRISTVS. Croix à bras tortillés.

920. **Demi-écu.**— Même type.

921 **Écu au soleil** (au balancier). — Même type, 1641. Très-belle pièce.

922. *Id.* — *Id.* — (au marteau). — Même type, la croix du revers différente. Saint-Lo, 1615. Rare et très-belle pièce.

Monnaie d'argent et de cuivre fabriquée au marteau.

923. **Quarts d'écu** de France, Béarn et Navarre. 6 pièces.

924. **Demi et quarts de franc.** — Au buste jeune. 7 pièces variées.

925. **Doubles et deniers tournois.** — 24 pièces, dont trois piéforts ou essais.

926. **Essai d'argent du denier tournois** au marteau. Rare.

Monnaie d'argent et de cuivre au balancier.

927. **Essai du franc d'argent,** de 1618. — LVDOVICVS REX. Buste jeune, lauré, drapé et cuirassé à droite. — ℞. SIT, etc. Croix fleuronnée avec L au cœur, tranche cannelée.
Très-rare et splendide pièce.

928. **Piéfort** de la même pièce. Sur la tranche, PERENNITATI IVSTISSIMI REGIS. Poids 56 gr. Très-rare.

929. **Essai du demi-franc.** — Même type, tranche cannelée.
Pièce très-rare à fleur de coin.

930. **Piéfort** de la même pièce, avec la tranche ci-dessus. Poids 28 gr. Très-rare et belle pièce.

931. **Essai du quart de Franc.** — Tranche cannelée, également très-rare et à fleur de coin.

932. **Piéfort** de la même pièce, avec la tranche inscrite. Poids 14 gr. Très-rare et belle pièce.

933. **Essai d'argent** sur flan mince de la même pièce, mais datée 1625. Très-rare et admirable pièce.

934. **Piéfort du quart d'écu.** — SIT, etc. Ecu couronné accosté de II.. II. — ℞. LVDOVICVS, etc. 1618. Croix fleurdelisée; sur la tranche, EXEMPLVM PROBATI NVMISMATIS. Poids 38 gr.
Très-rare et très-belle pièce.

935. **Piéfort du 8e d'écu.** — Même type. Poids 19 gr.
Très-rare et très-belle pièce.

936. **Piéfort du douzain.** — LVDOVICVS, etc. Ecu accosté de deux L. — ℞. SIT, etc. Croix cantonnée de deux lis et deux couronnes. Poids 10 gr. Même date. Rare et belle pièce.

937. **Essai en argent du quart de douzain.** — Même type, la croix cantonnée de deux L et deux lis.
Rare et à fleur de coin.

938. *Id.* — *Id.* — Même pièce. Rare et à fleur de coin.

939. Autre essai. — *Id.* — ESPREVVE FAITE PAR LE COM. Ecu couronné. — ℞. MANDEMENT DU ROI, 1616. Croix.
Très-rare et à fleur de coin.

940. **Essai en argent du double tournois.** — Tête du n. 927. — ℞. DOVBLE TOVRNOIS, 1620. Trois lis.
Rare et belle pièce.

941. **Piéfort du denier tournois.** — Même type, 1618.
Rare et à fleur de coin.

942. **Essai en argent.** *Id.* — Même type, la tête différente, 1727. Rare et belle pièce.

943. **Essai du demi-franc.** — LVDOVICVS, etc. Buste juvénile, lauré, drapé et cuirassé à droite. — ℞. SIT, etc. Croix du n. 927. Date 1625. Belle et rare pièce.

Nouvelle monnaie système duodécimal.

944. **Piéfort de l'écu blanc.** — LVDOVICVS XIII, D. G. FR ET NAV REX, etc. Buste lauré et drapé. — ℞. SIT. Ecu couronné. 1643. Sur la tranche, LVDOVICO XIII MONETÆ RESTITVTIS. Poids 109 gr. Très-rare.

945. **Piéfort du demi-écu.** — Même type, 1643; sur la tranche, EXEMPLVM PROBATI NVMISMATIS. Poids 55 gr.
Très-rare et à fleur de coin.

946. **Piéfort du 12e d'écu.** — Même type, 1643, avec LVDOVICVS, etc., sur la tranche. Rare et très-belle pièce.

947. Série de l'écu, demi-quart et douzième d'écu, 1642. 4 pièces.

948. Demi-écu et douzain, 1663. 3 pièces.

949. **Quart de lis d'argent de 1641.** — Même buste. — ℟. SIT, etc. Croix formée de huit L couronnés, au centre la lettre A. Très-rare et très-belle pièce.

Monnaies locales.

950. **Aire.** — LVD XIII REX PIVS IVSTVS INVICTVS ARIA VNO A BIS OBSES, 1641. — ℟. Lisse. Poids 9 gr. 5 décigr. Rare et très-belle pièce.

951. *Id.* — Même type, moitié du poids. Très-rare et à fleur de coin.

952. **Barcelone.** — LVD. XIII, D. G. REX FRAN ET, CO, BARCINO. La tête à droite; dans le champ, V. R. — ℟. BAR..... Croix cantonnée de besants. Fabr. barbare; conservation médiocre.

953. *Id.* — Cuivres variées, pour Barcelone et Vich. 3 pièces.

954. **Jeton en argent du sacre.** — FRANCIS, etc. Main tenant la sainte ampoule au-dessus de la ville de Reims, signé N. B. Nicolas Briot. Belle et rare pièce.

Louis XIII et Louis XIV.

955. **Grand écu? frappé en or.** — LVDOVICVS, etc. Buste et coin de l'écu blanc, n. 944. — ℟. LVD XIIII, etc. Buste de l'écu n. 986. Poids 32 gr. (Bessy-Journet, pl. IX n. 158). Très-rare et splendide pièce à fleur de coin.

956. **Écu d'or au soleil, au marteau.** — SIT NOMEN DOMINI BENEDICTVM. Ecu de France couronné.—℟. CHRISTVS REGNAT VINCIT ET IM. Croix à bras tortillés au centre la lettre K. Très-rare.

Louis XIV (1).

Pièces d'or.

957. **Écu au soleil.**— LVDOVICVS, etc. Ecu couronné. Bessy, n. 1.

958. **Piéfort** de la même pièce, tranche cannelée. Poids 13 gr. 5 décigr. Très-belle pièce de la plus grande rareté.

959. **Louis.** — A la tête enfantine, cheveux courts—℟. CHRS, etc. Croix formée de huit L couronnés, 1644 et 1650. Bessy, n. 4. 2 pièces.

960. **Piéfort** de la même pièce, 1644. Sur la tranche, PONDERE SANCTVARII. Poids 26 gr. 5 décigr., lettre A. Belle et très-rare pièce.

961. **Piéfort du demi-louis.** — Même type. Bessy, n. 5. Poids 13 gr. 5 décigr. Également belle et très-rare.

962. **Double louis.** — Même type, mais avec la longue mèche. Bessy, n. 6. Rare.

963. **Louis.** — *Id.* — Même type, 1652, 1653. Bessy, n. 7. 2 belles pièces.

(1) Pour cette intéressante série de pièces constatant les grandes variétés du système monétaire tentés sous ce règne, nous renvoyons aux planches de Bessy-Journet, 1 vol. in-fol. Châlon-sur-Saône, 1850, 15 pl.

964. **Demi-louis.** — Même type, 1646. Bessy, n. 8. Belle pièce.

965. **Lys d'or.** — DOMINE ELEGISTI LILIVM TIBI. Deux anges soutenant un écusson. — ℟. LVDOVIC, etc. Bessy, n. 9.
Rare et belle pièce.

966. **Louis à la tête juvénile.** — LVD XIIII, etc. Tête laurée à droite. — ℟. CHRS. Croix avec huit L, 1668, 1669. Bessy, n. 11.
2 pièces.

967. **Autre louis.** — Même type, la tête nue, 1668. Bessy, n. 13.

968. **Demi-louis.** — Même type, 1677, variété rare, une couronne au-dessus de la tête. Bessy, n. 14 ou 25.
Belle et rare pièce.

969. **Louis de France, Béarn et Navarre.** — LVD XIIII, etc. Tête laurée avec perruque. — ℟. SIT, etc. Ecu couronné de France, Béarn et Navarre. Bessy, n. 15.
Très-rare et superbe pièce.

970. **Double louis à l'écu carré.** — Même tête. — ℟. SIT, etc. Ecu de France couronné 1692. Bessy, n. 16. Rare.

971. **Louis.** — Même type, 1693. Bessy, n. 17.
Rare et très-belle pièce.

972. **Demi-louis.** — Même type, 1690. Bessy, n. 18.
Rare et belle pièce.

973. **ouble louis** (aux 4 lis et 4 L.) — Même tête. — ℟. CHRS. Quatre lis couronnés et quatre L autour d'un cercle. Bessy, n. 19.

974. **Louis.** — Même type, 1674 et 1696. Bessy, n. 20.
2 belles pièces.

975, *Id.* — Même pièce or à plus bas titre, une vache dans le cercle.

976. **Demi-louis.** — Même type, Dijon et Paris. Bessy, n. 21.
2 pièces.

977. **Double louis** (aux huit L, sceptre et main de justice). — LVD XIIII, etc. Tête laurée. — ℟. CHRS, etc. Huit L en croix, sceptre et main de justice. Bessy, n. 22. Belle et rare pièce.

978. **Louis.** — Même type. Bessy, n. 23. Belle et rare pièce.

979. **Demi-louis.** — *Id.* — Bessy, n. 24. Rare.

980. **Double louis** (au sceptre et main de justice). Même tête. — ℟. CHRS, etc. Sceptre et main de justice en sautoir. Bessy, n. 26. Rare et belle pièce.

981. **Louis.** — Même type. Bessy, n. 27.

982. **Double-louis** (au soleil). — Même tête. — ℟. CHRS, etc. Huit L formant la croix, un soleil au centre. Bessy, n. 29.
Rare et très-belle pièce.

983. **Louis.**— Même type. Bessy, n. 30. Superbe pièce.

984. **Demi-louis.** — Même type, n. 31.
Rare et à fleur de coin.

Pièces d'argent.

985. **Quart et huitième d'écu.** SIT, etc. Écu couronné. Bessy, n. 39 et 40. 2 pièces.

986. **Piéfort de l'écu au buste enfantin.** — LVD, etc. Buste lauré à droite, avec la mèche courte. — ℟. SIT, etc. Écu couronné, Paris 1644; sur la tranche, PONDERE SANCTVARII. Bessy, n. 43. Poids 110 gr. Très-rare et très-belle pièce.

987. **Piéfort du demi-écu.** — Même type, même tranche. Poids 55 gr. Bessy, n. 44. Très-rare et splendide pièce.

988. **Piéfort du quart d'écu.** — Même type. Poids 27 gr. Bessy, n. 45. Egalement rare.

989. **Piéfort du douzième d'écu.** — Même type. Poids 9 gr. Bessy, n. 46. Très-belle et rare.

990. *Id.* — Même pièce, d'un plus grand module, avec EXEMPLVM PROBAT NUMISMATIS sur la tranche. Même poids. Très-rare et à fleur de coin.

991. Série de l'écu, du demi-quart et douzième d'écu. Bessy, n. 44, 45, 46, 50, 51 et 53. Pièces courantes. 6 pièces.

992. 30 **Deniers.** — Même type. Bessy, n. 48. Très-belle et rare.

993. 15 **Deniers ?** — Même type. Bessy, n. 47. Très-rare.

994. **Ecus et demi-écus** de Béarn et Navarre, même buste poupard. Bessy, n. 99, 100 et 102. 3 pièces.

995. **Lys d'argent d'essai.**— SALVS POPULI SUPREMA LEX. Buste à droite avec couronne fermée. — ℟. LILIA NONNENT, 1653. Ecu couronné. Bessy, n. 172. Splendide pièce, d'un travail d'art remarquable, le plus rare de toute la série.

996. **Autre lys d'argent.** — LVD, etc. Buste juvénile à droite. — ℟. DOMINE ELIGISTI LILIVM TIBI. Croix formée de huit L, etc. Bessy, n. 55. Rare, mais de conservation ordinaire.

997. **Ecu, demi-écu** et **douzième d'écu** au buste juvénile. Bessy, n. 62, 63 et 65. 4 pièces.

998. **Ecu** pour la Navarre et le Béarn. Même buste. Bessy, n. 103. Rare.

999\. **Ecu et demi-écu** au **buste du parlement**. — LVD, etc. Buste inlauré avec cravate, etc. — ℟. SIT, etc. Ecu couronné. Bessy, n. 66 et 67. Rares et très-belles pièces.

1000\. **Ecu de Béarn et de Navarre**. — Même buste. — ℟. SIT, etc. Ecu de France, Béarn et Navarre. Bessy, n. 150. Très-rare et belle pièce.

1001\. 20 **Sols**, 10 **sols**, 5 **sols**, 4 **sols**, 2 **sols**, etc. Bessy, n. 72, 74, 75, 162, 163, 164 et 165. 9 pièces.

1002\. **Ecu d'argent** à l'écu carré. — LVD, etc. Buste avec perruque, drapé à la romaine. — ℟. SIT, etc. Ecu carré couronné. Bessy, n. 153. Rare et très-belle pièce.

1003\. **Ecu** ou **Louis d'argent, demi-écu**, et **huitième d'écu** aux huit L couronnés. Bessy, n. 76, 77 et 79. 3 pièces.

1004\. **Ecu, demi-écu, douzième d'écu** à l'écusson rond cerné de palmes. Bessy, n. 81, 82 et 84. 3 pièces.

1005\. **Ecu de Béarn et Navarre**. — Même type, mais l'écusson de France, Béarn et Navarre. Bessy, n. 136. 2 pièces rares.

1006\. **Ecu, demi-écu**, et **douzième d'écu** aux insignes. Bessy, n. 85, 86 et 88. 3 pièces.

1007\. **Ecu, demi, quart** et **seizième d'écu** aux huit L, avec l'écusson rond, trois lis au milieu. Bessy, n. 89, 90, 91 et 93. 4 pièces.

1008\. **Ecu** au même type, la tête du roi laurée. Bessy, n. 155. Très-belle et rare pièce.

1009\. **Ecu, demi, quart** et **dixième d'écu** aux trois couronnes. Bessy, n. 94, 95, 96 et 97. 4 pièces.

1010\. **Ecu** ou **carambole** à l'écu rond de France, Bourgogne et Navarre. Bessy, n. 121. Rare, mais mal conservé.

1011. **Ecu, demi, quart** et **seizième d'écu** à l'écusson carré, frappé pour Lille. Bessy, n. 111, 112, 113 et 115.
4 pièces rares, mais de conservation ordinaire.

1012. **Petits écus** de 30, 34 sols et 44 sols pour Strasbourg. Bessy, n. 184, 186, 189, 190 et 192. 5 pièces.

Pièces de billon et de cuivre.

1013. **Douzains, liards, deniers**, etc. 22 pièces, plusieurs rares.

1014. **Essai** en **billon au lys d'or**. — LVD XIIII D. G. FR. ET NA REX. Buste jeune drapé et couronné à droite. — ℟. PIECE DE PLAISIR POVR ESPREVE, 1657. Huit L formant la croix. Bessy, n. 38. Très-rare.

1015. **Liard**. — LVD XIIII D. G. Croix de Malte. — ℟. FR ET N REX, 1655. Ecu couronné. Bessy, n. 58. Rare.

1016. **Sol d'essai**. — SIT, etc. Ecu couronné. — ℟. PIECE DE PLAISIR. Deux L couronnées, dessous 1653. Bessy, n. 168.
Très-rare et belle pièce.

1017. 3 **Deniers d'essai**. — LOVS XIIII. Tête du roi enfant à droite, dessous 1646. — ℟. ROY DE FR ET DE NAV. L couronné, accosté de deux lis à l'exergue, 3 DENIERS. Bessy, n. 236. Rare et superbe pièce.

1018. **Piéfort des 6 deniers de Dardenne**. — LVVIS, etc. Six L formant un triangle au centre. Bessy, n. 247. Frappée à Aix. Rare.

1019. **Liard**. — LVD, etc. Buste jeune à droite avec couronn fermée. — ℟. SIC FVLGET INTER LILIA, 1657. Quatre lis formant la croix, dans le champ quatre rosaces inédites.

Monnaies obsidionales.

1020. **Aire 25 sous.** — ARIA P 25 OB, PRO REGE ET PATRIA. Ecu couronné de la ville dessous, 1710. Bessy, n. 202.
Belle et rare pièce.

1021. **Landau, 4 livres 4 sous.**—Ecu aux armes du gouver-verneur de la ville, dessous 4 LIVRE 4. S. LANDAV 1700. Bessy, n. 194.
Belle et rare pièce.

1022. *Id.* — **2 livres 2 sous.** — Même type. Bessy, n. 197.
Belle et rare pièce

1023. *Id.* — **1 livre 1 sou.** — Même type. Bessy, n. 198.
Belle et rare pièce.

1024. *Id.* — **1 florin 4 kreutz** et **demi-florin.** — Frappés par les Impériaux.
2 pièces.

1025. **Lille.** — Le maréchal de Boufflers. XX sous, X sous, et V sous. Bessy, n. 206, 207 et 208.

1026. **Modène.** — LVD, etc. Buste drapé. — ℟. MVTINE, etc. Ecu rond sur un cartouche. Bessy, n. 211.
Rare.

1027. *Id.* — Même pièce, demi de la précédente, n. 212.
Rare

Louis XV

Pièces d'or

1028. **Double louis** (au buste poupard). — LVD XV, etc. Buste du roi enfant, la poitrine nue. — ℟. CHRS, etc. Ecu rond avec sceptre et main de justice.

1029. **Louis.** — Même type.

1030. **Demi-louis.** — Même type.

1031. **Double louis** (dit de Noailles). — Même buste à gauche avec couronne fermée. — ℟. CHRS, etc. Quatre écussons de France et Navarre formant la croix. Très-belle pièce.

1032. **Louis.** — Même type.

1033. **Demi-louis.** — Même type. Très-beau et rare.

1034. **Louis de Malte.** — Même buste lauré à droite. — ℟. CHRS. Croix de Malte.

1035. **Demi-louis.** — Même type.

1036. **Louis de** 1720. — Même tête. — ℟. CHRS, etc. Deux L adossés et couron.; dans le champ, trois lis. Superbe pièce.

1037. **Double louis** (Mirliton de Dubois). — Même tête. — ℟. CHRS, deux L enlacés ornés par deux palmes. Belle pièce.

1038. **Louis.** — Même type.

1039. **Demi-louis.** — Même type. Rare et belle pièce.

1040. **Louis** (dit aux lunettes). — LVD. Buste drapé à gauche. — ℞. CHRS. Ecussons ronds de Fr. et de Navarre. Belle pièce.

1041. **Demi-louis.** Même type. 2 pièces.

1042. **Double louis** (dit au bandeau). — LVD, etc. Tête avec bandeau à gauche. — ℞. Le même. Très-belle pièce.

1043. **Louis.** — Même type. Très-belle pièce.

1043 *bis*. **Demi-louis.** — Même type. Très-belle pièce.

1044. **Double louis** (au buste vieux). — LVD, etc. Buste lauré à gauche. — ℞. Le même.

1045. **Louis.** — Même type. Belle pièce.

1046. **Essai en or de l'écu au bandeau.** — LVD, etc. Tête avec bandeau à gauche. — ℞. SIT, etc. Ecu couronné, cerné de deux palmes, poids 50 gr. Pièce splendide à fleur de coin.

Monnaies d'argent.

1047. **Ecu** (dit vertugadin), **demi, quart** et **dixième.** — 4 pièces. Conservation médiocre.

1048. 40 **sols d'Alsace.** — LVD, etc. Buste jeune. — ℞. SIT, etc. Ecu accosté de 1716. Conservation médiocre.

1049. **Ecu** (dit de Navarre), **demi, sixième, douzième.** 4 pièces. Conservation médiocre.

1050. **Ecu** (dit de France à l'écusson carré), **demi, tiers** et **sixième.** 4 pièces. Conservation médiocre.

1051. **Ecu** (ou louis d'argent aux huit L), **demi, tiers, huitième** et **seizième.** 5 pièces.

1052. **Ecu** (aux lauriers), **demi,** 21 **sols,** 12 **sols,** 6 **sols.**

1053. **Essai de l'écu** (au bandeau). — Type de n. 1046. Très-belle pièce

1054. **Ecu, demi,** 21 **sous,** 12 **sous,** 6 **sous.** — Même type. 5 pièces.

1055. **Ecu de** VI **livres** (au buste vieux). — LVD, etc. Buste lauré à gauche. — ℟. SIT. Ecu cerné de deux palmes, 1771. Très-belle pièce.

1056. **Ecu, demi,** 21 **sous,** 12 **sous** et 6 **sous.** — Même type. 5 pièces.

1057. Pièces de billon et de cuivre. 17 pièces.

1058. Lot de pièces d'argent et de cuivre des Iles du Vent, Pondichéry, etc. 11 pièces.

Louis XVI.

Pièces d'or.

1059. **Louis** (aux palmes). — LVD, etc. Buste habillé à gauche. — ℟. CHRS. Ecu cerné de palmes avec sceptre et main de justice. Paris, 1774. Très-belle pièce.

1060. **Double Louis** (aux lunettes). — CHRS, etc. Ecus ronds de France et de Navarre. Lille, 1779. Belle pièce.

1061. **Louis**. — Même type. Paris, 1777.

1062. **Demi-Louis**. - Même type. Limoges. 1777.

1063. **Double Louis** (aux écus carrés).— CHRS, etc. Ecus carrés de France et de Navarre. Paris, 1786. Belle pièce.

1064. **Louis**. — Même type. Paris, 1787.

1065. *Id.* — Même type (dit à la corne). Strasbourg, 1786.

1066. **Louis** (constitutionnel). —LOUIS, etc. Tête à gauche. 1793. ℞. RÈGNE DE LA LOI, etc. Génie debout.

Pièces d'argent

1067. **Ecu, demi-écu, 24 sous, 12 sous, 6 sous**, au buste habillé. 5 pièces.

1068. **Ecu, demi-écu**, 30 sous et 15 sous. 1791, 1792, 1793. 7 pièces.

1069. **Ecu de 6 livres** (dit de Calonne, essai de Droz). — LUD, etc. Tête laurée à gauche. — ℞. SIT, etc. Deux L fleuronnés, au milieu trois lis. Rare et belle pièce.

1070. **Essai en or de la même pièce**. Très-rare et belle pièce.

1071. **Essai d'argent** (d'une variété de cette pièce). — Même tête. — ℞. FAV. CALONNO, etc. Gravée n. 38. Très-rare et belle pièce de la collection Tiolier. (unique)?

1072. **Essai d'un écu de 6 livres** (concours de 1791?) LUD XVI D. G. FR ET NAV REX. Tête nue à gauche, avec longue perruque. Sous le buste, DUVIVIER. E. — ℞. lisse, tranche également lisse, *inédite*. Très-rare et splendide pièce, unique exemplaire Tiolier.

1073. **Essai de 6 livres** (Même concours). — Même buste, dessous, ANDRIEU F. — ℟. RÈGNE DE LA LOI AN 2 DE LA LIBERTÉ. Génie écrivant sur les tables; à l'exergue, 1791. Hennin n. 322. Très-rare et à fleur de coin. Même collection

1074. **Essai en cuivre de 6 livres de Dupré.** — Buste à gauche. — ℟. Même génie. Hennin, n. 325. Très-rare et belle pièce.

Monnaies de billon et de cuivre

1074*bis*. **Essai de 6 sols.** — PAR LA VOLONTÉ DE TOUS LOUIS PREMIER ROI DES FRANÇOIS. — ℟. PIÈCE DE SIX SOLS, etc. Hennin, n. 201. Rare et belle pièce argent et cuivre.

1075. **Essai en cuivre du louis de Droz.** — LUDOV XVI, etc. Buste à gauche. — ℟. CHRS, etc, Deux écussons hexagones de France et de Navarre. Très-belle pièce.

1076. **Essai de 3 sols.** — LUD XVI, etc. Deux L cursives. — ℟. TROIS SOLS, 1787, en trois lignes. Rare et très-belle pièce.

1077. **Essai du six-blancs.** — Même type. 2 SOLS 6 DENIERS, 1760. Rare et très-belle pièce.

1078. **Six-blancs des iles du vent.** — LUD XVI, etc. Trois lis sous une couronne. — ℟. 2 SOUS 6 DENIERS, 1789. ISLES DU VENT ET SOUS LE VENT. Rare et très-belle pièces

1079. **Essai en billon de 24 livres.** — LOUIS XVI ROI DES FRANÇOIS, 1792. Tête à gauche. — ℟. VIVRE LIBRES OU MOURIR L'AN 4 DE LA LIBERTÉ. Épée, bonnet phrygien et serpent dans une couronne. Hennin, n. 357. Rare et belle pièce

1080. **Essai du 6 deniers.** — LOUIS, etc. Tête à gauche. — ℟. LA LOI ET LE ROI. SIX DENIERS. Hennin, n. 202. Rare et superbe pièce.

1081. **Essai de 2 sols.** — POUR ESAIE. Pique avec bonnet phrygien. Hennin, 427. Rare.

1082. **Essai en métal de cloche.** — LA NATION, LA LOI ET LE ROI, en quatre lignes, 1791. MÉTAL DE CLOCHE. Deux écussons, au milieu une pique. Hennin, n. 288. Rare et belle pièce.

1083. **Deux sols, sols, demi, quarts de sol**, etc. 18 pièces.

République Française

1084. **24 livres.** — RÈGNE DE LA LOI. 1793. Génie debout. Belle pièce.

1085. **6 livres.** — Même type, 1793.

1086. *Id.* — Même type, sans date.

1087. **Dixains de Lyon.** — MÉTAL DE CLOCHE, etc. Hennin, n. 336 et 337 les deux modules. 3 pièces.

1088. **5 sols de Brezin.** — LIBRE J'OFFRE LA PAIX. La liberté assise. Hennin, n. 455. Rare pièce à fleur de coin.

1089. **2 sols.** — RESPUBLICA GALLICA ANNO I, etc. Pyramide. Hennin, n. 439. Pièce à fleur de coin.

1090. **2 sols d'essai.** — RÉPUBLIQUE FRANÇAISE. Massue, faisceau et serpent. — ℟. 10 CENTIMES L'AN III. Hennin, n. 678. Pièce à fleur de coin.

1091. **5 centimes.** — R. F. Autel. — ℟. 5 CENTIMES L'AN III. Hennin, n. 679. Très-rare et belle pièce.

1092. **Monnerons** aux divers types, plusieurs rares. 9 pièces.

1093. **25 centimes, 2 décimes, décimes, 5 centimes, centimes**, avec la tête au bonnet phrygien. Plusieurs très-belles pièces. 16 pièces.

1094. **Dixain, 2 sous, sous**. — 20, 10 et 5 sols de Lesage. Siége de Mayence, etc. 14 pièces.

1095. **5 francs** (à l'Hercule). — UNION ET FORCE. Hercule debout au milieu de la Liberté et de l'Égalité, AN VII. Hennin, n. 915.

1096. **5 décimes** et **2 décimes** au buste Minerve. 2 pièces.

Consulat

1097. **Essai en or du cinq francs**. — Le type du n. 1095. AN X. Poids, 42 gr. Superbe pièce à fleur de coin.

1098. **Essai du 2 francs de Gengembre Bonaparte**, etc. Tête à gauche. — ℞. PROCÉDÉ, etc. An X dans une couronne.

1099. **20 francs**. — BONAPARTE, etc. Tête à gauche. — ℞. 20 FRANCS, etc. AN XII.

1100. **5 francs, 2 francs, franc, 1/4 de franc**. 4 pièces.

1101. **Saint-Domingue**. — 2 escalins, 1 escalin et demi-escalin. Série très-rare et à fleur de coin.

Républiques étrangères

1102. **Rome** (Ecu d'argent). — REPUBLICA ROMANA. Femme debout tenant un faisceau. — ℞. SCUDO ROMANO.
Deux très-belles pièces.

1103. **Naples**(Ecu d'argent).—REPUBLICANANA POLITANA. La liberté debout à droite. — ℞. CARLINI. etc.

1104. *Id.* — (Demi-écu). Même type.

1105. **Venise**, (Ecu d'argent).— LIBERTA EGUAGLIANZA. La liberté, debout à gauche. — ℞. LIRE DIVCI VENETE, etc, 2 pièces.

1106. **Gaule subalpine**. — 5 francs. La liberté et l'égalité debout.

1107. **République piémontaise** (Demi-écu).—LIBERTA VIRTV etc. La liberté casquée, debout, à gauche. — ℞. MEZZO SCUDO.

1108. *Id.* — (Quart d'écu). — Même type. Rare et très-belle pièce.

1109. **Gênes** (96 lires). — NELLE UNIONE LA FORZA. Faisceaux, — ℞. REPUBLICA LIGURE AN VII. La ville de Gênes assise à gauche, au bas L. 96. Rare.

1110. **Suisse**. — Écus et divisions pour Genève, etc. 8 pièces.

Empire Français

1111. **40 francs.** — NAPOLÉON EMPEREUR. Tête nue à gauche, AN 13.

1112. **20 francs.** — Même type. 1806.

1113. **40 francs.** — *Id.* Tête couronnée. 1812.

1114. **20 francs.** — *Id.* *Id.* 1813.

1115. **20 francs.** — *Id.* *Id.* 1813. Frappée à Utrecht.

1116. **5 francs, franc, demi et quart de franc,** à la tête nue, AN 12 et 13. 4 pièces.

1117. **5 francs, 2 francs, franc et quart de franc** de diverses années du règne. 9 pièces.

1118. **5 francs** de 1815, frappée en essai. Très-belle pièce.

1119. **10 centimes d'essai** avec disque d'argent. 1806 et 1807. Les deux variétés à fleur de coin.

1120. 10, 5,3 et 1 centimes, pour Anvers, Strasbourg, l'Italie, etc. 13 pièces.

Napoléon Ier. — Royaume d'Italie

21. **Milan. [illegible]0 sous.** — REPUBLICA ITALIANA dans une couronne d[illegible]s. SOLDI 30 etc. AGRICOLTORA COMMERCIO ANNO II. Caducée ailé. Pièce très-rare et à fleur de coin.

1122. *Id.* **Soldo**. — Même légende, gerbe d'épis. — ℟. SOLDO DA DENARI V. Rare et superbe pièce.

1123. *Id.* — **2 deniers**.— Même légende, deux épis.— ℟. DENARI II. Rare et superbe pièce.

1124. *Id.* — **1 denier**.—Même légende, un seul épi.—℟. DENARO. Rare et superbe pièce.

1125. *Id.* —**Soldo**. —Même légende, balance.—℟. SOLDO dans une couronne ; au bas, DENARIO 10. Rare et superbe pièce.

1126. *Id.* **Doppia**. — BONAPARTE FONDATORE E PRESIDENTE ANNO II. Tête nue de Bonaparte à gauche. — ℟. REPUBLICA ITALIANA, dans une couronne DOPPIA, au bas, D. 12. 142. Splendide pièce de la plus grande rareté et à fleur de coin.

1127. *Id.* — **40 lire**. — NAPOLEONE, etc. Tête à gauche. — ℟. 40 LIRE, etc.

1128. *Id.* — **20 lire**. — Même type. 20 LIRE.

1129. *Id.* — **5, 2** et **1 lire, 10** et **5 soldi**. 5 pièces.

Monnaies obsidionales.

1130. **Cattaro**. — Grand N accosté de 5 F. DIEU, etc. — ℟. CATTARO, etc. 1813. Fusil, canon et épée en sautoir. Rare et belle pièce.

1131. *Id.* — **1 franc**.—N dessous I. F.— ℟. CATTARO, 1813. *Id.*

1132. **Bourbon**. — ILES DE FRANCE ET BONAPARTE. Aigle couronné. ℟. DIX LIVRES, dans une couronne, 1810.

1133. **Ile Maurice** 25 SOUS. — REÇU AU TRESOR. — ℟. POUR 25 SOUS.

1134. **Palma nova d'Italie.** — NAPOLEONE, etc. Dans le champ 50 CENT. — ℟. MONETA D'ASSEO PALMA. Couronne dessous, 1814. 2 pièces.

1135. **Zara.** — ZARA, 1813. Aigle. — ℟. 2. 0. 9 fr. 20 c.
Belle et rare pièce.

1136. *Id.* — Même type. 1. 0. 1 fr. 60 c. *Id.*

Famille de l'empereur Napoléon

Marie Louise

1137. **40 lire.** — MARIA LUGIA, etc. Buste à gauche. — ℟. 40 LIRE.

1138. **5 lire, 1 lire, 10 et 5 soldi.** 7 pièces.

Joseph Napoléon, roi de Naples

1139. **Écu.** — IOSEPH, etc. La tête à gauche. — ℟. G. 120, etc.

Joseph Napoléon, roi d'Espagne

1140. **Pistole d'or.** — IOSEPH, etc. Tête nue à gauche. — ℟. IN UTROQ. Ecus d'Espagne, 1809 et 1811. 3 pièces.

1141. **Piastre, demi, 5e, 10e et 20e de piastre.** 10 pièces.

Elisa Bonaparte et Félix Baccioc hi

1142. **5 franchi, 1 franco** et **3 centesimi.** 3 pièces.

Louis Napoléon, roi de Hollande

1143. **20 florins.** — LODEV NAP KON VAN HOLL. La tête à gauche. — ℞. KONINGRIJK HOLLAND. Ecu couronné; dans le champ, 20. G. Pièce rare et à fleur de coin.

1144. **10 florins.** — Même type. Également rare et à fleur de coin.

1145. **Ducat d'or** au guerrier debout et à l'écu. 1808 et 1810. 2 pièces.

1146. **Ecu de 50 stuivers**, de 1808. — 50 s. accostant l'écu. Belle pièce.

1147. *Id.* — **de 2 gulden 1/2.** — Une pièce avec 2 1/2 G^n 1808. Rare et superbe pièce.

1148. **1 gulden.** — Même type. 1 G^n 1809. Rare et très-belle pièce.

1149. **10 stuivers.** — *Id.* 10. s. 1809. *Id.* *Id.*

Murat, grand-duc de Berg

1150. **Petit écu d'argent**. — JOACHIM. Tête nue de Murat. — ℞. XVI EINE, etc. 1806. Superbe pièce.

1151. *Id.* — Même type avec l'écu sur le manteau, 1807. *Id.*

Murat, roi des Deux-Siciles

1152. **40 franchi.** — GIOACCHINO NAPOLEONE. Tête à gauche.— ℞. PRIN E, GRAND'AMMI DI FRAN. Dans une couronne, FARNCHI 40. 1810. Rare et belle pièce.

Murat, roi de Naples et des Deux-Siciles

1152 *bis.* **40 lire.** — Une tête. — ℞. REGNO DEL DUE SICILIE, 40 LIRE.

1153. **20 lire.** — Même type. 20 LIRE.

5 lire, 2 lire. — Même type. 2 pièces.

Jérôme Napoléon, roi de Westphalie

1155. **Thaler.** — Au type allemand, et divisions. 4 pièces.

1156. **40 frank.** — HIERONYMUS NAPOLEONE. Tête laurée à gauche — ℞. KŒNIG, etc. 40 FRANK, 1813. Tranche inscrite. Rare et très-belle pièce.

1157. **20 frank.** — Même type. 1809.

1158. **10 frank.** — Même type. 1813.

1159. **5 frank** d'argent. Même type, la tête à droite, 1809.

1160. **2 frank.** — Essai en étain, au même type. 1808.
Rare et à fleur de coin

Berthier, prince de Neuchâtel

1161. **5 francs**. Essai en étain. — ALEXANDRE PRINCE DE NEUCHATEL. Tête à droite. — ℟. PRINCIPAUTÉ, etc. 5 FRANCS, 181.
Rare et belle pièce.

1162. Monnaie de billon et de cuivre des règnes précédents et de Louis XVIII, pour Strasbourg, Anvers, etc. 21 pièces, conservation médiocre.

Louis XVIIII

1163. **20 francs**. — Au buste habillé, 1814.

1164. **5 francs.** — Même type, 1814.

1165. *Id.* — La même, frappée en essai. Rare et très-belle.

1166. **40 francs.** — De 1816. La tête nue. Très-belle piéée,

1167. **20 francs.** — De 1824.

1168. **5 francs** (de Michaut). — Frappé en essai sans marque d'atelier, 1815. Très-rare et à fleur de coin.

1169. **5 francs,** 2 francs, 1 franc, 1/2 et 1/4 de franc. 7 pièces.

1170. **10 francs d'essai en or** (concours de 1815). — LOUIS XVIII ROI DE FRANCE. Buste drapé avec couronne fermée à droite ; dessous, TIOLIER. — ℞. 40 FR. 1815, A. Ecu couronné. Rarissime et splendide pièce en or.

1171. **40 francs d'essai en or.** — Du même graveur, à la tête du roi nue. Rarissime et splendide pièce en or.

1172. **20 francs d'essai en étain.** — Deux essais de Gaiteux. Rares.

1173. **40 francs d'essai en argent.** — Coin de Michaut. Tête nue. Très-rare et à fleur de coin.

1174. **5 francs essai d'argent** (de Tiolier). — LOUIS, etc. Buste couronné et drapé à gauche. — ℞. PIÈCE DE CINQ FRANCS. Ecu orné de deux palmes, 1815, A. Très-rare et à fleur de coin.

1175. *Id.* — *Id.* — Même type, l'écu entouré des ordres de St-Michel et du St-Esprit. Très-rare et à fleur de coin.

1176. *Id.* — *Id.* — Autre variété, l'écu accosté de 5 F. Très-rare et à fleur de coin.

1177. *Id.* — *Id.* — (sans nom de graveur). — LUD XVIII D G FR ET NAV REX. Champ lisse. — ℞. SIT NOMEN DOM. BENED A, 1814, tranche inscrite. Superbe pièce.

1178. *Id.* — *Id.* — (Michaut). — LOUIS XVIII ROI DE FRANCE. Tête nue à gauche. — ℞. 5 F. 1815. Ecu couronné. Rare et à fleur de coin.

1179. **Essai en cuivre du 5 francs** (de Droz.) — LOUIS, etc. Tête à gauche. — ℞. PIÈCE DE CINQ FRANCS, 1814. Ecu. Rare et à fleur de coin.

1180. *Id.* — *Id.* — Même pièce, le buste habillé, 1814. Rare et à fleur de coin.

1181. *Id.* — *Id.* — Même pièce, 1815. Rare et à fleur de coin.

1182. **Essai en étain du 10 cent.** — Louis XVIII roi de France, 1817. L couronnée ; dans le champ, trois lis. — ℟. 10 CENT A. Tiolier. Rare et F. D. C.

1183. **Deux sous** et **un sou**. — Essai de cuivre de 1817. Egalement rare et à fleur de coin.

1184. **10 centimes** et **5 centimes**. — Essais de 1821. 3 pièces très-belles.

Toute cette série d'essais, ainsi que ceux du règne suivant, dont quantité de pièces sont uniques, provient de la collection Tiolier. Tous les exemplaires sont aussi d'une conservation hors ligne.

Charles X.

1185. **40 francs**. — Coin de Michaut, 1830. Très-belle pièce.

1186. **5 francs,** 2 fr., 1 fr., 1/2 fr. et 1/4 de franc. 13 pièces.

1187. **100 fr. essai en or.** — CHARLS X ROI DE FRANCE. Tête nue à droite, dessous T. — ℟. 100 FR. A ESSIA. Ecu couronné la tranche en relief. Pièce très-rare et à fleur de coin.

1188. *Id.* — *Id.* — Même pièce, sans nom sous la tête. Pièce très-rare et à fleur de coin.

1189. **Essai en or de 40 francs**. — Même tête, signée Tiolier, — ℟. Ecu accosté de 40 F. 1824, A. Tranche et creux. Très-rare et à fleur de coin.

1190. **Essai du 5 franc**. — Même type, 1824. La tête à gauche. Très-rare et à fleur de coin.

1191. **Essai** du 10, 5 et 2 centimes de Tiolier. 3 pièces à fleur de coin.

1192. **Essai** en cuivre du module du 5 et 2 francs, de Moreau. 3 pièces, fleur de coin.

1193. Concours en étain des 5 francs et diverses pièces du règne. 32 pièces.

Henri V, prétendant.

1194. **5 francs.** — HENRI V ROI DE FRANCE. Buste habillé à gauche. — ℞. 5. B. F. 1832. Ecu couronné.

1195. 1 franc et 1/2 franc. — Même type.

Louis Philippe Ier.

1196. **20 francs.** — Coin de Tiolier, 1831. Rouen. Tête nue. Très-belle pièce.

1197. **20 francs.** — Coin de Domard, 1836. Tête laurée. Très-belle pièce.

1198. **5 francs et 1 franc.** — coin de Tiolier, 1830, 1831. 2 pièces.

1199. 5 francs, 2 fr., 1 fr., 1/2 et 1/4 de franc, de Domard. 11 pièces.

1200. **Un décime** et **5 cent.** — Essai de Domard, en 1832. 2 pièces à fleur de coin.

1201. **Essai** des 10, 4, 2 et 1 centime, 1839 et 1840.
5 pièces à fleur de coin.

1202. **Essais** de la série des 10, 5, 3, 2 et 1 centime, dite au Coq.
5 pièces à fleur de coin.

1203. **Essai du 5 cent.** de 1839, COLONIES FRANÇAISES, cuivre doré. 5 pièces à fleur de coin.

1204. *Id.* — *Id.* de 1840, REFONTE DES MONNAIES.
5 pièces à fleur de coin.

1205. **Essai du 10 cent.** — L P. sur un cartouche argenté entouré de palmes. — ℞. 10 CENT. Sur un cartouche également argenté ; en bas, 1838. Rare et très-belle pièces.

1206. **Concours en étain** de la pièce de 100 francs et de 5 francs. 23 pièces.

1207. **Essai du cent francs en or.** — LOUIS PHILIPPE Ier ROI DES FRANÇAIS. Tête nue à gauche. Signé TIOLIER. — ℞. 100 FRANCS, 1831 A. Tranche lisse. Très-rare et à fleur de coin.

1208. **Essai du 20 francs** du même. Paris, 1830.
Rare et superbe pièce.

1209. **Essai du 5 francs** (de Galle). — Même type, la tête à droite. Pièce rare et à fleur de coin.

MONNAIES SEIGNEURIALES

Tous les numéros cités pour la série des monnaies seigneuriales de l'ancienne France jusqu'à Cambray sont ceux du texte de l'ouvrage de feuPoëy-d'Avant (1).

Duché de France

1210. **Orléans.** *Charles.* **Écu d'or.** — KAROLVS DVX AVELIENSIS. — Ecu de France avec le lambel. — ℟. XPS, etc. Croix fleuronnée cantonnée de quatre lis dans un cercle à quatre lobes cantonnés de quatre couronnes. Pièce de la plus grande rareté.

1211. **Denier.** — SANCTVS SECONDVS ASTEN. — Buste de saint Second de France. — ℟. KAROLVS D AVRELIENSIS. Croix.

Ces deux rares pièces ont été frappées en Italie, celle d'or est publiée par Promis, sous le n. 4 de la Zecca d'Asti, et aussi par M. A. de Longpérier, *Revue française*, année 1861, p. 451 et suiv. Celle de billon est également publiée par D. Promis, sous le n. 7.

Dreux (comté)

1212. *Robert.* M. ROBERTVS, etc. Poëy d'Avant, n. 91 et 92, etc. 3 deniers.

(1) *Monnaies seigneuriales de France.* 3 vol. in-4° et 173 planches. Paris, 1862.

Normandie (duché)

1213. *Charles le Mauvais*. **Écu d'or**. — KA...... DEI GRA NAVARRA REX. Le roi assis de face tenant une épée et l'écusson aux lis. — ℟. XPC, etc. Croix feuillue dans quatre arcs de cercle. P. D. n. 181, var. Pièce de première rareté.

1213 *bis*. Lot de deniers faux de Rouen, coins de Benassis. 11 pièces variées.

Bretagne (duchè)

1214. *Conan II*. — CONANVS COI. Monogramme. — ℟. REDONIS CIV. Croix. Variété inédite.

1215. *Conan III*. — CONANVS. Dans le champ. IVS. P. D. n. 266, 268 et 270. 3 deniers.

1216. *Eudon IV*. — DVX EVDO. Croix. — ℟. BRITANNIE. Rosace. Très-beau et rare denier.

1217. *Geoffroy*. — CAVFRIDVS. Croix. P. D. n. 271. Denier.

1218. Anonymes de Rennes et Nantes. P. D. n. 277, 295 et 299. 3 deniers.

1219. *Pierre de Mauclerc*. — DVX BRITANNIE. Champ de Dreux, etc. P. D. n. 330. Denier.

1220. *Jean I*. — Denier et obole. P. D. n. 263 et 268. 2 pièces frustes.

1221. *Jean II.* — IOHANNES DVX. Ecu triangulaire. P. D. n. 373. Denier.

1222. *Arthur II.* — A DVX BRITAN, etc. P. D. n. 390 et 397. Denier et obole.

1223. *Jean III.* — I DVX BRITANNIE. P. D. n. 409 et 414. 3 deniers.

1224. *Charles de Blois.* **Écu d'or.** — KAROL DEI GRA BRITONV DVX. Le duc debout sous un portail. — ℟. XPC, etc. Croix fleuronnée cantonnée de quatre lis. P. D. n. 463, variée. Très-rare et très-belle pièce.

1225. Doubles et deniers. P. D. n. 424, 428, 448, 512, 517, 520 et 547, etc. 16 pièces variées.

1226. *Jean IV.* **Écu d'or au cavalier.** — IOHANES DEI GRACIA BRITONV. DVX. Le duc à cheval au galop à droite. — ℟. DEVS, etc. Croix feuillue. P. D. n. 658. Très-rare et belle pièce.

1227. Blancs, demi-blancs, deniers, etc. Très-beau lot, 14 pièces.

1228. *Jean V.* — Blancs et denier à l'hermine. 10 pièces.

1229. *François Ier.* **Ecu d'or au cavalier.** — FRANCISCVS, etc. Le duc à cheval couronné à droite. — ℟. DEVS, etc. Croix. P. D. n. 1194. Pièce trouée.

1230. *François II* (*Id.*) — Même type, variété de fabrique. P. D. n. 1317. Très-belle pièce.

1231. Blancs et demi-blancs à l'écu aux 6 hermines. 3 pièces.

1232. *Anne.* — ANNA BRITONVM DVCISSA. Ecu triangulaire. — ℟. SIT, etc. Croix feuillue. P. D. n. 1366. Gros. Rare.

1233. *Id.* — Même légende, écu partie de France et de Bretagne.— ℟. SIT, etc. Croix cantonnée de quatre mouchetures. Blanc beau et très-rare.

1234. *François Ier, roi de France.* — FRANCISCVS REX. Hermine passant à gauche. — ℟. MONETA BRITANIE. Croix. P. D. n. 1424. Denier de billon très-rare.

1235. *Etienne Ier de Guingamp.* — STEPHAN COM. Croix. — ℟. GVINGAMP. Profil droit. 10 deniers variés.

1236. *Id.* — GVIMGAND. Profil barbare. — ℟. QVEMPERLI. Croix cantonnée de deux étoiles, P. D. n. 1438. Beau denier, très-rare.

1237. DVX BRITANNIE. Même tête. — ℟. QVEMPERLI. Même croix gravée n. 28. Beau denier unique.

Anjou (comté)

1238. *Foulques Nerra.* — GRATIA D. T. COMES. Monogramme de Foulques. — ℟. P. D. n. 1460. Denier.

1238 *bis*. *Geoffroy II.* — GOSFRIDVS COIS. Croix. — ℟. VRBS AVDEGAV. Monogramme de Foulques. Denier.

1239. *Foulques IV et V.* — FVLCO COMES. Croix, etc. P. D. n. 1500, 1502, 1503, 1510, etc. Denier. 7 pièces.

1240. *Geoffroy le Bel.* — GOSFRIDVS C Croix avec A. et Ω. P. D. n. 1515. Obole ou petit denier.

1241. *Charles Ier.* — CAROLVS COMES. Croix. P. D. n. 1517, 1527 et 1528. 3 deniers.

1242. *Charles II.* — KAROLVS COMES. P. D. 1533, 1535, 1536. 1537, 1538 et 1539. Denier et obole. 12 pièces.

Maine (comté)

1243. **Anonymes**. — GRACIA DI REX. Quatre temples en croix. — ℟. CENOMANIS CIVITAS. Croix. P. D. n. 1545.
Très-rare et beau denier.

1244. *Herbert I ou II*. — COMES CENOMANIS. Monogramme. — ℟. SIGNVM DEI VIVI. Croix. 6 deniers variés.

1245. *Charles de Valois*. — SIGNVM DEI VIVI, etc. P. D. n. 1609, 1610 et 1611. 3 deniers.

Touraine.

1246. — SCS MARTINVS. Temple. — ℟. TVRONVS CIVI. Croi x.
Deniers et oboles variés. 8 pièces.

Tours et Chinon

1246 *bis*. — TVRON. Tête diadémée (à moitié effacée) à droite. — ℟. CAINONI CASTRO. Croix. P. D. n. 1669. Denier très-rare.

Chinon

1247. — LVDOVICVS REX. Tête diadémée à droite. — ℟. CAINONI CASTRO. Croix. P. D. n. 1672. Rare et beau denier.

Blois (comté)

1247 *bis*. *Jeanne*. *Guy*. — P. D. n. 1707, 1717 et 1719.
Deniers et oboles. 3 pièces.

1248. **Mer?** (près Blois). — DE MERCNSIS. Croix. — ℞. Type blésois, gravée n. 30. Belle pièce unique.

Chartres (comté)

1249. **Anonymes**. — CARTIS CIVITAS. Croix. P. D. n. 1736, 1740, 1742. Denier et oboles. 4 pièces.

1250. *Charles de Valois*. — K COM CART. CIVIS. P. D. n. 1753 et 1757.
2 pièces rares. Denier et obole.

Vendôme (comté)

1251. **Anonymes**. — VDON CAOSTO. P. D. n. 1778. 2 deniers variés.

1252. *Id*. — VNIDOCINO CASTRO. Croix. — ℞. Type chartrain. P. D. n. 1766. Rare et belle obole.

1253. *Jean III*. — IEHA. Type chartrain. — ℞. VEDOME CASTR. P. D. n. 1792. Belle obole.

1254. *Id*. IEHAN COMES. — Croix. — ℞. VIDOCINI. Portail. P. D. n. 1794, 1796 et 1797. 3 pièces. Deniers et oboles.

1255. *Jean IV.* — IOHANS COMES. Chatel, rosace au milieu. — ℟. VIDOCINENSIS. Croix. P. D. n. 1800. Belle et rare obole. 2 pièces.

1256. *Bouchard V.* — BOCARD COMES. Porte de ville. — ℟. Le même. P. D. n. 1811. Belle et rare obole.

Châteaudun (vicomté de).

1257. **Anonymes.** — DVNIS SASTIL, etc. Denier et obole. 3 pièces.

1258 *Geoffroy IV.* — GAVFRID. Croissant. — ℟. CASTRVM DVNI. Croix. n. 1856. Denier.

1259. *Id.* — Même pièce. Un portail au lieu du croissant. P. D. n. 1860. Denier.

1260. *Geoffroi V.* — Même type, le portail différent. P. D. n. 1871. Obole rare.

1261. *Simon.* — SIMONIS VICONES. Croix. — ℟. CASTRIDVNI. Type tournois. P. D. n. 1876. Très-rare et belle pièce.

1262. *Raoul III, de Clermont.* RODVLFVS VICOMS. Croix. — ℟. CASTRIDVNI. Type tournois. P. D. n. 1877. Denier brisé.

1263. *Id.* — Même type. P. D. n. 1882. Belle et rare obole.

Perche (Comté du)

1264. **Anonyme.** — PERTICENSIS. Croix. — ℟. Type blésois. P. D. n. 1903. Belle et très-rare obole.

Berri

1265. **Déols, Châteauroux**. *Raoul*. — RADVLFVS. Croix. — ℟. DEDOLIS. Etoile. 6 deniers.

1266. *Philippe Auguste*. — REX FILIPVS. Croix. — ℟. DEDOLIS. Etoile. P. D. n. 1956. Beau denier.

1267. **Issoudun**. *Richard Cœur de Lion*. — RICARD REX. Croix. — ℟. EXOLDVNI. Grand M oncial, etc. P. D. n. 1993. Belle et très-rare pièce.

1268. *Gui de Nevers*. — GVIS COMES. M oncial. — ℟. IXOLDVNI. Croix. P. D. n. 1995. Denier rare.

Cette rarissime pièce a été expliquée par M. de Longpérier dans la *Revue française*, année 1861, page 329, et aussi 1867, page 215.

1269. **Gien**. *Geoffroi*. — GOSEDVS COS. Croix. — ℟. GIEMIS CA. deniers et une obole. 5 pièces.

1270. **Sancerre**. *Etienne II de Champagne*. — IVLIVS CESAR. Tête couronnée à droite. — ℟. STEPHANVS COME. Croix. P. D. n. 2003. Deniers. 2 pièces.

1271. *Id*. — IVLIVS CESAR. Tête mitrée à gauche, derrière une étoile. — ℟. STEPHANVS COME. Croix cantonnée de deux points. P. D. n. 2008. Très-rare et belle obole.

1272. **Anonyme**. — Même tête. — ℟. SACRVM CESARIS. Croix. P. D. n. 2016. Obole également très-rare.

1273. **Mehun-sur-Hièvre**. *Robert d'Artois*. — ROBERTI ATBATES. Croix. — ℟. DNI DE MAGDVNO. Châtel. P. D. n. 2021. Denier très-rare.

1274. *Id.* — Même type. P. D. n. 2022. Oboles très-rares. 2 pièces.

1275. *Robert d'Artois.* — Croix. — ℟. MONNOIE DE MEV ; dans le champ, MEV. P. D. n. 2023. Très-rare et beau denier.

1276. **Vierzon. Anonymes.** — VIRSIONE, Croix. P. D. n. 2026. Rare et beau denier. 2 pièces.

1277. *Geoffroi de Brabant.* GODEFR DE BRAB. Croix. — ℟. DNS VIRSIONIS. Écu au lion de Brabant. P. D. n. 2033. Très-rare et belle obole.

1278. **Boisbelleet Henrichemont.** *Maximilien Ier* (Sully).— Double tournois. 5 pièces.

Nivernais

1278 *bis.* **Nevers.** Denier et oboles au nom de Louis. 3 pièces.

1279. *Hervé de Donzy.* — COMES ERVEVS. Faucille. — ℟. NIVERNIS CIVIT. Croix. Denier. 2 pièces.

1280. *Mahaut II.* — M COMITISSA. Fasce, etc. — ℟. Le même. P. D. n. 2141. 2 pièces.

1281. *Id.* — Piéfort en billon de la même pièce. Très-rare et inédite.

1282. *Eudes.* — ODO COMES. Ecu de Bourgogne. — ℟. NIVERNENSIS. Croix. P. D. n. 2143. Rare et beau denier.

1283. *Robert de Dampierre.* — ROBERTVS COMES. Croix. — ℟. NIVERNENSIS. Ecu au lion. P. D. n. 2153 et 2156. Denier. 2 pièces.

1284. *Louis de Flandre.* — LVDOVICVS COMES. Même type. P. D. n. 2159 et 2160. 2 pièces. Denier et obole frustes.

Bourbonnais

1285. **Anonymes de Souvigny**. — S. MAIOLVS. Buste de face. — ℟. SILVINIACO. Croix, autre le buste de profil. P. D. n. 2171 et 2180. Denier. 3 pièces et une obole fruste.

1286. **Montluçon**. *Guy de Dampierre*. — GVINONIS. Croix. — ℟. MONTLVÇON. Monogramme. P. D. n. 2203.
Rare et beau denier.

Auvergne

1287. **Brioude. Anonyme**. — VELMO COM. Croix. — ℟. BRIVITES. Monogramme. 2 pièces.

1288. **Le Puy. Anonyme**. — SCE MARIÆ. Rosace. — ℟. MONETA. Croix. denier.

1289. *Id*. — Denier et oboles muettes à la rosace. 3 pièces.

1290. **Évêques de Clermont-Ferrand**. — ARVERNA. Dans le champ, VRBS. — ℟. SCA MARIA. Croix, denier. P. D. n. 2244. Denier rare.

1291. *Id*. — Denier et oboles, avec la tête de la Vierge, de face. P. D. n. 2255, 2256 et 2257. 7 pièces.

1292. **Riom**. *Alphonse*. — ALPHONSVS COMES. Châtel, etc. P. D. n. 2267 et 2268. 2 deniers.

Limousin.

1293. **Évêques de Limoges.** — SCS MARCIAL. Tête de face. — ℞. LEMOVICENSIS. Croix. Denier. 3 pièces.

1294. **Turenne** *Raymond.* — RAIMVNDVS. Croix. — ℞. DE TVRENNA. Trois variétés de revers. P. D. n. 2331, 2333 et 2335. 3 deniers.

Poitou.

1295. *Richard.* — RICARDVS REX. Croix. — ℞. PICTAVIENSIS, en trois lignes. Denier. 2 pièces.

1296. *Alphonse.* — ALFVNS COMES. Même type. Belle obole.

1297. *Philippe de France.* — PHS FILI REG FRAC. Croix. — ℞. COMES PICTAVIES. Châtel, P. D. n. 2598. Denier rare, 2 pièces.

Marche.

1298. *Hugues X.* — VGO COMES. Croix. — ℞. MARCHIE. Deux croissants, etc. P. D. n. 2611. 2 pieces.

1299. **Angoulême anonymes.** — LODOICVS. Croix. — ℞. EGOLISSIME. Quatre annelets. P. D. n. 2644, 2655, 2663. Deniers, 4 pièces.

Périgord.

1300. LODOICVS. Croix. — ℟. EGOLISSIME. Cinq annelets. P. D. n. 2678 et 2681. Denier et oboles. 3 pièces.

Aquitaine.

1301. *Guillaume.* — GVILLILMO. Quatre croisettes. — ℟. BVRDEGALA. Croix. Deniers et oboles. 4 pièces.

1302. *Guy Geoffroi.* — GODEFRIDVS COMES. Croix. — ℟. BVRDECAIE. Croisettes, etc. P. D. n. 2736. Très-rare et beau denier.

1303. *Id.* — GOFRIDVS CO. Croix. — ℟. AQVITANIE. Dans le champ, REX. P. D. n. 2737. Denier très-rare.

1304. *Eléonore.* — DVCISIT. Croisette, etc. — ℟. AQVITANIE. Croix. P. D. n. 2741. Denier.

1305. *Louis VII de France.* — LODOICVS REX. Croix. — ℟. DVX AQVITANIE, en 4 lig. P. D. n. 2749. Très-beau et rare denier.

1306. *Id.* — Même type. P. D. n. 2754. Très-rare et très-belle obole.

1307. *Henri II d'Angleterre.* — HENRICVS REX. Croix. — ℟. AQVITANIE, en trois lignes. P. D. n. 2756, 2758.

1308. *Id.* — ENRICVS. Croix cantonnée de deux annelets. — ℟. REX. Dessus oméga, dessous croisette. P. D. n. 2759. Obole très-rare.

1309. *Richard Cœur de Lion.* — RICARDVS, en deux lignes, etc. P. D. n. 2769 et 2771. Denier et obole.

Monnaies Anglo-Françaises

1310. *Edouard Ier.* — ED REX ANGLIE. Léopard à droite. — ℞. DNS AQVITANIE. Croix. P. D. n. 2785. Denier.

1311. *Edouard III.* — **Florin d'or.** — DVX AGITANIE. Lis. — S. IOHANNES B. Saint Jean debout. P. D. n. 2803. Rare.

1312. *Id.* — **Guyennois.** — ED. D. G, etc. Le roi debout à droite. — ℞. GLA, etc. Croix cantonnée de deux lis et deux léopards. P. D. n. 2809. R are

1313. *Id.* — **Double de billon.** — ED REX ANGLIE. Croix cantonnée de deux couronnes et six besants. — ℞. CIVIT BVRDEGALE. Buste du roi accosté de deux couronnes. P. D. n. 2828. Très-rare et belle pièce.

1314. *Id.* — **Blanc de Billon.** — EDOVARDOS REX. Croix. SIT, etc. — ℞. MONETA BVRD. Lion. P. D. n. 2815. Pièce très-rare.

1315. *Id.* — **Gros, 1/2 gros** et **deniers** au léopard. P. D. n. 2867, 2860, 2890, 2775, 2787 et 2909. 8 pièces, plusieurs rares.

1316. *Id.* — **Esterlin.** EDWAR REX ANGL. Buste du roi, de face. — ℞. DVX AQVITANIE. Croix cantonnée de quatre couronnes. P. D. n. 2877. Rare.

1317. *Id.* — **Denier esterlin.** — Au même type. P. D. n. 2879. Très-rare et belle pièce.

1318. *Id.* — **Oboles au léopard.** — ED, etc. Léopard. P. D. n. 2821 et 2888. Deux belles et rares pièces.

1319. *Edouard.* — Prince de Galles dit le *Prince noir.* **Pavillon d'or.** — ED PO. GNS REG ANGL PNPS AGIT. Le prince debout. —℞. DNS, etc. Croix. P. D. n. 2929 et 3035. 2 pièces.

1320. *Id.* — **Léopard d'or.** — ED PMO GNS, etc. Léopard à gauche. —℞. XPS, etc. Croix cantonnée de quatre léopards. P. D. n. 3070.

1321. *Id.* — **Chaise d'or.** — Même légende. Le prince assis de face. — ℞. DEVS, etc. Croix cantonnée de 2 lis et deux léopards. P. D. n. 3075. Rare et belle pièce.

1322. *Id.* — **Hardi d'or.** — Même légende, buste du prince. — ℞. Le même. P. D. n. 2938. Rare.

1323. *Id.* — **Gros, esterlings, hardis, deniers.** — De villes diverses. 15 pièces.

1324. *Henri IV.* — **Hardis.** 2 pièces, une belle.

1325. *Charles de France.* **Fort d'or.** — KAROLVS REGIS FRANCOR FILIVS AQVITANOR DVX. Le prince à cheval terrassant un lion. — ℞. FORTITVDO MEA, etc. Croix ayant au centre un écusson. P. D. n. 3149. Gravée n. 35.

Cette rarissime et splendide pièce, l'une des plus importantes de la vente, à déjà été gravée plusieurs fois, mais elle n'a jamais été rendue d'une manière exacte; aussi avons-nous cru devoir sortir de la règle arrêtée (de ne pas faire graver dans les catalogues de ventes des pièces connues de tous). On verra que le caractère de la pièce n'a jamais été scrupuleusement observé par les dessinateurs, anciens et modernes.

1226. *Id.* — **Hardi d'or.** — KAROLVS, etc. Buste du prince de face. — ℞. XPC. etc. Croix cantonnée de deux lis et deux léopards. P. D. n. 3143. Rare et superbe pièce.

1327. — *Id.* — Variété de la même pièce, la tête coupe le grenetis. P. D. n. 3144.

1328. *Id.* — **Hardis**. — Deux pièces dont une fruste. Billon.

Béarn.

1329. *Centulle.* — CENTVLLO COME, etc. Deniers et obole. 6 pièces.

1330. *Jean de Grailly.* — IOHAN LO CONS. Croix. — ℟. ONOR FORCAS. Dans le champ, PAX. Denier rare.

1331. *Gaston de Foix.* **Cavalier d'or**. — GASTO DEI GRA, etc. Croix. — ℟. DNS ILLVMINATIO, etc. Cavalier courant à gauche. P. D. n. 3245. Très-rare et belle pièce.

1332. *Id.* **Blanc**. — GASTON, etc. Croix — ℟. PAX ET HONOR, etc. Écusson. P. D. n. 3260. Rare et belle pièce.

1333. *François Phœbus.* **Écu d'or**. — FRANCISCVS FEBVS, etc. Ecu aux deux vaches. — ℟. DOMINVS, etc. Croix feuillue. P. D. n. 3275. Pièce rare.

1334. *Id.* **Blanc**. — FRANCISCVS, etc. Même écu.

1335. *Catherine.* **Blanc**. — KATERINA, etc. Même écu. P. D. n. 3304. 2 pièces.

1336. *Henri d'Albret.* — Blancs, deniers. 5 pièces.

Navarre

1337. *Charles le Mauvais.* **Gros.**—KAROLVS DEI GRA. Croix. SIT, etc. — ℟. NAVARRE REX, etc. Buste de face. P. D. n. 3336. Très-rare et belle pièce.

1338. *Id.* — **Blanc.** KARIVS D. PROPRIETARIVS NAVR. Grand K couronné, accosté de deux nœuds. — ℟. SIT, etc. Croix cantonnée de deux lis et des écussons de Navarre. P. D. n. 3338. 2 pièces rares.

1339. *Jean et Blanche.* **Gros.**— I. B. DEI GRA, etc. Grande couronne. — ℟. SIT, etc. Croix entourée de lis. P. D. 3349. Très-rare.

1340. *Jean et Catherine.* **Écu d'or.** — IOHANNES ET KATERINA. Ecu cour. accosté de I. et K.—℟. SIT, etc. Croix. Pièce rare.

1341. *Id.* — **Ducat d'or.** — INS KATREA NAVARRE REG. B. Deux bustes couronnés et affrontés. — ℟. SIT, NOMEN, DOMINI, BEN. Ecu couronné coupant la lég. Très-belle pièce inédite.

1342. *Ferdinand le Catholique.* **Double ducat d'or.** — FERDINANDVS, etc. Buste couronné à droite. — ℟. SIT, etc. Ecu de Navarre couronné. P. D. n. 3383. Pièce très-rare.

1343. *Id.* — **Ducat d'or.** — F. D. G. R. NAVAR. Même buste, *Id.* n. 3385. Très-belle et rare pièce.

1344. **Réal d'argent.** — FERNANDVS, etc. Ecu de Navarre. — ℟. SIT, etc. Croix cantonnée de deux F et deux couronnes. *Id.* n. 3398. Pièce trouée.

1345. *Henri d'Albret.* **Écu d'or.** — HENRICVS, etc. Ecu à une seule vache. — ℟. GRATIA DEI SVM ID QVOD SVM. Croix à fuseaux dans un cercle festonné. P. D. n. 3405. Rare.

1346. *Id.*—**Écu d'or à la croisette.** Même type, mais croisette. *Id.* n. 3406. Rare.

1347. **Autre Écu d'or.** — Même type. Croix fleurdelisée sans être entourée d'un cercle. Très-rare, variété inédite.

1348. *Antoine de Bourbon et Jeanne d'Albret.* **Teston d'argent.** — ANT ET IOAN DEI, etc. Bustes affrontés, au-dessus une couronne. — ℟. GRATIA, etc. Ecu accosté de A et I., P. D. n. 3414. Rare.

1349. *Id.* — **Demi teston.** — Même type. P. D. 3415. Rare.

1350. *Jeanne d'Albret.* **Écu d'or.**— IOHANNA,etc. Croix fleurdelisée cantonnée de deux I et deux couronnes. — ℟. G. DEI SVM. etc. 1571. Ecu couronné. P. D. n. 3436, variété. Très-belle et rare pièce.

1351. *Id.* **Testons** et **d i-teston** d'argent. 3 variétés.

1352. *Henri II* (IV de France) *et Marguerite.* **Double écu ? d'or.** — HENRICVS II MARGA REX REG NAVARRE B. Bustes affrontés du roi et de la reine, au-dessus une couronne, dessous vache. — ℟. GRATIA, etc. 1577. Écu couronné et accosté de H et M. Variété inédite. Pièce très-belle et très-rare.

1353. *Id.* — Même pièce avec HENRICVS II. D. G. REX NAVARRE D. B. H. et M. sous les bustes. P. D. n. 3463. Rare, mais de conservation ordinaire.

1354. *Id.* — **Teston d'argent.** Même type. P. D. n. 3474. Rare.

1355. *Henri II* seul. **Testons, Francs, Demi, quarts**, etc. 12 pièces.

1356. *Id.* — **Quarts** et **huitième d'écus, blancs, deniers**, etc.

Roussillon

1357. **Perpignan**. — Double sou, sou de 1531, etc. 5 pièces.

Languedoc

1358. **Comtes de Toulouse**. *Guillaume IV.* — WIELMO COME. Croix. — ℟. TOLOSA CIVI. Dans le champ VGO. P. D. n. 3674. Rare et très-beau denier.

1359. *Id.* — Même pièce, la croix cantonnée d'un S. P. D. n. 3676. Rare et très-beau denier.

1360. *Alphonse Jourdain.* — ANFOS COMES. Croix. — ℟. Le même. P. D. n. 3687. Rare et beau denier.

1361. *Id.* — Obole au même type. P. D. n. 3686. *Id.* Rare et beau denier.

1362. *Raymond VII.* — RAMON COMES. Deniers et obole. 3 pièces.

1363. *Alphonse de France.* — A COMES FIL REG, etc. n. 3706.
Denier. 2 pièces.

1364. **Saint-Gilles.** *Raymond V.* — O RAIMVNDVS. Croix. — ℟. ONOR SCI EGIDII. Agneau pascal à gauche. P. D. n. 3718.
Rare et beau denier.

1365. *Id.* — Même type, l'agneau à droite. P. D. n. 3721.
Très-rare et superbe pièce.

Marquisat de Provence.

1366. *Raymond VI et VII.* — R COMES. Le soleil et la lune. P. D. n. 3723, 3726 et 3730. Denier et oboles. 5 pièces.

1367. *Alphonse de France.* — A COMES TOLOSE, etc. P. D. n. 3734.
Denier.

1368. **Narbonne.** *Raymond Ier.* — RAIMVND. Croix. — ℟. NARBNA. Quatre annelets. P. D. n. 3744. Rare et beau denier.

1369. *Beranger.* — BERENGARI. Croix. — ℟. NARBON C. Quatre annelets. P. D. n. 3748. Denier très-rare.

1370. *Pierre Ier.* — PETRVS EPOS. Croix. — ℟. NARBONA C. Quatre annelets. P. D. n. 3752. Rare et beau denier.

1371. *Ermengarde.* — ERMENGARD. Croix cantonnée d'un croissant. — ℟. NARBONE CIVI. Quatre annelets. P. D. n. 3760.
Très-rare et belle pièce.

1372. *Gilles Aycelin* (archevêque). — ARCHIEP NA. Croix. — ℞. A VICECONS NARB. Clef et cadenas. P. D. n. 3767.
Rare et beau denier.

1373. *Id.* — Même pièce, un peu moins belle. *Id.*

1374. **Carcassone.** *Roger Ier.*— ROGER COMES. Croix.— ℞. CARCASSONE CI. Crosse et croix. P. D. n. 3803.
Très-rare et superbe denier.

1375. *Id.* — Obole au même type. n. 3804. Très-rare obole.

1376. **Maguelone.** *Evêques.* — RAMVNDIS, etc. Denier et obole.
3 pièces.

1377. **Montpellier.** *Jaime II.* **Gros d'argent.** — IACOBVS, etc. Croix, une couronne au bout de chaque branche. — ℞. DOMINVS MONTISPESVLARI. Ecu de Montpellier et d'Aragon. P. D. n. 3848. Très-rare et très-belle pièce.

1378. **Anduse.** *Bernard?* — ANDVSIENSIS, dans le champ, B. — ℞. SALVIENSIS. Croix. P. D. n. 3852, 53 et 55. Deniers et obole.
3 belles pièces.

1379. **Viviers.** *Evêques.* — EPISCOPVS. Tête mitrée à gauche. — ℞. VI.VA.RII. Croix. P. D. n. 3864. Très-beau et rare denier.

1380. *Id.* — Denier et oboles à la crosse. 3 pièces.

1381. **Rodez.** *Hugues.* — VGO COMES. Croix. — ℞. RODES CIVI ; dans le champ, DAS. 3 deniers.

1382. *Id.* —Même type. P. D. n. 3881. Belle et rare obole.

1383. *Id.* — *Henri Ier*. HENR' COMES. Croix.—℟. RODES CIVIS; dans le champ, DAS. P. D. n. 3882 et 3884. Beau denier.

1384. **Albi**. *Raymond*. — R BONAFOS; dans le champ, VG✠. — ℟. ALBIECI. Croix. P. D. n. 3900. Denier. 2 pièces.

1385. **Cahors**. — CATVRCIS. Croix.— ℟. CIVITAS. Deniers et oboles. 7 pièces.

Provence (Comtes)

1386. *Guillaume II ou IV*. — VILELMVS. Dans le champ, COME. — ℟. PROENCIE. Croix cantonnée d'un besant au 4me. P. D. n. 3929. Variété inédite, avec le besant.
Très-rare et beau denier.

1386 *bis*. *Id.* — Même pièce, sans le besant, avec WILELMVS. n. 3926.
Denier.

1387. *Alphonse d'Aragon*. — REX ARAGONE. Tête à gauche. — ℟. PROVINCIA. Croix. P. D. n. 3930 et 3932. Denier. 2 pièces.

1388. *Charles I*. **Augustale d'or**. — KAROL DEI GRA. Buste couronné du frère de S. Louis à droite; dans le champ, derrière, lis devant rose ou étoile. — ℟. REX SICILIE. Ecu aux 10 lis avec lambel, gravée n. 29.

Cette splendide monnaie, d'une grande rareté, est des plus intéressantes tant pour l'histoire de France que pour celle d'Italie; on connait à peine une dizaine d'exemplaires de cette belle pièce, parmi lesquels on compte jusqu'à 4 variétés.

1389. *Id.* **Division de la pièce précédente.** — KAROL REX. Dans le champ, K. — ℟. SICIL. Ecu aux trois lis avec lambel. P. D. n. 3964. Très-rare.

1390. *Id.* Pièces variées du même règne, n. 3942, 3944 et 3947. 6 pièces.

1391. *Id.* — N. 3971. Salut d'argent. 3 pièces.

1392. *Id.* — KAROLVS REX. Croix. SIT, etc. — ℟. COMES PVINCIE. Châtel au lis. P. D. n. 3939. Gros d'argent rare.

1393. *Id.* — KAROLVS. Dans le champ, COME. — ℟. PROENCIE. Croix. P. D. n. 3941. Rare et beau denier.

1394. *Id.* — COMES PVINCIE. Tête nue. — ℟. CIVITAS MASSIL. Porte de ville, etc. Deniers et obole. 3 pièces.

1395. **Salut d'or.** — KAROL, etc. Ecu. — ℟. AVE, etc. Type de l'Annonciation. Variété inédite.

1396. *Charles II.* — KAROL SED, etc. Le prince assis. — ℟. HONOR, etc. Croix. P. D. n. 3974. Carlin, 2 pièces.

1397. *Id.* — Deniers variées du même règne. 4 pièces.

1397 *bis. Id.* — **Demi-gros.** — KAROLVS SCL REX. Croix. — ℟. COMES PED'MONTIS. Ecu aux trois lis sous un lambel.

Cette magnifique pièce est aussi très-intéressante, pour l'histoire du Piémont ainsi que pour celle de notre Provence. Voir à ce sujet la *Revue française*, année 1866, page 348.

1398. *Robert.* — ROBERT, etc. Le duc assis, de face. — ℟. HONOR, etc. Croix. n. 3977, 3981 et 3982. Carlin. 4 pièces.

1399. *Id.* — RHP, etc. Grande couronne. P. D. n. 3989 et 3990.
Sol coronat, 2 pièces.

1400. *Id.* — Oboles. P. D. n. 4003 et 4008. 2 pièces rares.

1401. *Jeanne.* **Florin d'or.** — IOHANA DEI GR, etc. Armes d'Anjou et de Jérusalem. — ℟. S. IOHANNES B. S. Jean debout. P. D. n. 4014. 2 pièces.

1402. *Id.* — **Franc à pied d'or.** — IOHAN REG, etc. La reine debout sous un portail. — ℟. XPS, etc. Croix. P. D. n. 4011 et 2 autres variétés. 3 pièces.

1403. *Id.* — **Sol coronat, liards.** — P. D. n. 4026 et 4027
7 pièces.

1404. *Louis et Jeanne.* — L. ET I. IHR, etc. Grande couronne, n. 4031. Sol coronat.

1405. *Id.* — Même type, la couronne entourée de lis. n. 4033.
Demi-sol rare, 2 pièces.

1406. *Id.* — L ET IHR. E. SIC REX. Gros lis sous un lambel. — ℟. COI..E COMITS PVIC. Croix de Jérusalem. P. D. n. 4038. Variété. Très-rare et beau denier.

1407. *Louis.* **Ecu d'or.**—LVDOVICVS, etc. Ecu couronné. — ℟. POSSI, etc. Croix fleuronnée. P. D. n. 4043. Rare et belle pièce.

1408. *Id.* — **Franc à pied d'or.** — LVDOVICVS, etc. Le prince debout sous un portail. — ℟. XPS VINCIT, etc. Même croix. P. D. n. 4047. Rare et belle pièce.

1409. *Id.* — **Florin d'or.**— LVDOV D. GRA, etc. Armes d'Anjou et de Jérusalem.— ℟. S IOHANNES B. P. D. n. 4050. Pièce rare.

1410. *Id.* — **Sol coronat** et **double**. St Jean debout. n. 4051 et 4057. 2 pièces.

1411. *René.* **Grand blanc.**— RNATVS D. GRA. IHRLM ET SICIL REX. Ecu dans un cercle à trois lobes et trois couronnes. — ℟. COMES PVICIE ET FORCACERI. Croix cantonnée de deux lis et deux couronnes dans un cercle à quatre lobes. Variété inédite. Belle pièce.

1412. *Id.* — **Demi-gros ?** —RENATVS, etc. Armes.— ℟. O CRVX AVE. Croix de Lorraine. P. D. n. 4072. Rare et belle pièce.

1413. *Charles III.*—**Demi-gros ?** — KAROLVS. Armes. ℟. IN HOC SIGNO VINCES. Croix de Lorraine. P. D. n. 4077. Rare et belle pièce.

1414. **Manosque.** MONETA. Croix chrismée. — ℟. MANVE'.'SCE. Croix à six branches. Denier. 2 variétés.

Ces curieuses pièces avaient été d'abord attribuées au Puy; elles ont été restituées à la Provence par MM. de Longpérier, etc. Voir *Revue française*, année 1865, page 182 et suiv.

1415. **Archevêques d'Arles.** — Denier anonyme et florin. d'Etienne de la Garde. 2 pièces.

Comtat Venaissin

1416. *Jean XXII.* **Florin d'or.** — SANT PETRI. Grand lis. — ℟. S IOHANNE B. St Jean debout. Très-belle pièce.

1417. *Id.* — **Gros d'argent.**— IOHES PP. XXII. COMES VENASINI Le Pape assis bénissant. — ℞. AGIM, etc. Croix fleuronnée. P. D. n. 4142. Rare et très-belle pièce.

1418. *Clément VI.* **Gros.** *Id.*—CLEMES PP. SESTX. Même type. ℞. COMES, etc. P. D. n. 4151. Rare et très-belle pièce.

1418. *bis.* *Id.* — Même pièce, avec SEXTX. n. 4152. *Id.*

1419. *Id.* **Denier.** — CLEMENS. PP. S... Buste de face. — ℞. etc. n. 4156. *Id.* *Id.*

1420. *Innocent VI.* **Carlin.** — INNOCEN. P. P. SEXTVS. Même type. — ℞. SANCTVS PETRVS. Croix. Rare et belle pièce.

1421. *Clément VII.* **Ecu d'or.** — CLEMENS. P. P. SETIVS. Trois couronnes superposées. — ℞. SANCTVS PETRVS ET PAVLVS. Deux clefs en sautoir. Très-rare et superbe pièce inédite.

1422. *Jules II et Georges d'Amboise.* **Blanc.** — IVLIVS, etc. Ecu. — ℞. GEORGIVS, etc. Croix. P. D. n. 4281. 2 pièces.

1423. *Grégoire XIII et Georges d'Amboise.* **Teston.** — GREGORIVS. Buste à gauche. — ℞. CARO CAR. Ecu aux trois lis. P. D. n. 4307. Rare.

1424. *Paul V et Scipion Borghèse.* **Double écu d'or.** — PAVLVS V, PONT OPT. MAX 1608. Buste à droite, dessous un écu. — ℞. SCIP BVRGHESIVS CAR LEG AVE. Armes du cardinal. Superbe pièce inédite.

1425. *Urbain VIII et Ant. Barberini.* **Teston d'argent.** — VRBANVS VIII PONT MAX 1640. Buste à droite. — ℞. ANTONIVS CARD, etc. Croix fleuronnée.

1426. *Innocent X et C. Pamphilius.* **Grand écu.** — INNOCENTIVS X, etc. Buste à droite. — ℞. CAMILLVS CARD, etc. Ecu aux armes. Très-belle pièce inédite, gravée n. 37.

C'est le seul grand écu connu de ce pape avec un nom de légat.

1427. *Alexandre VII et F. Chisi.* **Carlin.** — ALEXANDER VII PON OPT MAX. Buste du pape à droite, dessous écusson. — ℞. FLAVIVS CARD CHISIVS LEGAT AVEN. 1600. Armes du légat. P. D. n. 4458. Rare et superbe pièce.

1428. *Flavius Chisius seul.* **Carlin.** — FLAVIVS, etc. Buste à droite. — ℞. EX MONTIBVS, etc. Armes. P. D. n. 4454. Rare et belle pièce.

1429. *Innocent XII et Pierre Othobonus.* **Carlin.** — INNOCEN XII. P. E. II. Buste du pape, dessous écu. — ℞. PETRVS CARD OTTHOBONVS LEGAT, 1692. Armes. P. D. n. 4461. Variété. Rare et belle pièce.

1430. Monnaies ordinaires de billon de Grégoire XIII et XIV, Clément VI et VII, Pie V, Urbain VIII. Mereau du chapitre, etc. 17 pièces.

Princes d'Orange

1431. *Guillaume IV.* — W PRINCEPS AVRASC. Cornet. — ℞. FREDERICVS IMP. Croix. Rare et beau denier.

1432. *Raymond III?* **Florin d'or.** — R DI. G. P. AVRA. Gros lis, — ℞. S IOHANNES B. S. Jean debout. P. D. n. 4519, 4521 et 4525. 4 pièces.

1433. *Id.* — *Id.* — R DE. BAVTIO. DI. GRA. P. AVRA. Ecu chargé d'un cornet. — ℞. S IOHANNES B. S. Jean debout.
Superbe pièce, unique, gravée n. 32.

1434. *Id.* — **Franc à pied d'or.** — RAMVNDVS, etc. Le prince debout sous un portail. — ℞. XPC, etc. Croix feuillue. P. D. n. 1527.
2 pièces rares.

1435. *Jean II de Châlon.* **Demi-écu?** — IOHS DE CABILLONE. Heaume. — ℞. DEI, GRA PRS AVRAIC. Croix fleuronnée cantonnée d'un cornet et d'un besant. P. D. n. 4550.
Très-belle pièce, unique.

1436. *Id.* — Même légende. Ecu heaumé. — ℞. PRINCEPS AVR. Croix cantonnée de quatre cornets. P. D. n. 4551.
Rare et très-beau denier.

1437. *Philippe Guillaume.* — PHIL G. I. D. G. PRIN. AVR. CO. N. Ecu. — ℞. SOLI, etc. Croix. P. D. n. 4578. Douzain rare.

1438. *Maurice I*er. — MAVRITIVS, etc. Buste à droite.— ℞. SOLI, etc. Croix fleuronnée. P. D. 4593. Demi-franc rare.

1439. *Frédéric Henri.* **Quadruple écu? d'or** — FRED HENR D. G. PRIN AVR CO NAS D. B. Buste à droite. — ℞. SOLI DEO HONOR ET GLORIA. Ecu couronné. Variété inédite du n. 4589 de P. D. Très-rare et superbe pièce.

1440. *Id.* — **Teston d'argent.** — Le type précédent. P. D. n. 1605. Rare et belle pièce.

1441. *Id.* — Même pièce, tête plus vieille. Rare.

1442. *Id.* — **Demi-franc.** — Même tête. — Même légende. Croix. P. D. n. 4602. Rare.

1443. *Guillaume IX.* **Grand écu.** — GVILLELMVS D. G. PRIN AVR. Buste à droite. — ℟. SOLI, etc. Ecu couronné. P. D. n. 4626.
Rare et très-belle pièce.

1444. *Id.* — **Demi-écu** au même type. P. D. n. 4628.
Rare et très-belle pièce.

1445. *Id.* — **Quart d'écu** au même type. P. D. n. 4630.
Rare et très-belle pièce.

1446. *Id.* — **Douzième d'écu**, date 1650.
Inédite. Rare et très-belle pièce.

Cette rare et belle série de 4 pièces pourra être vendue en un seul lot.

1447. *Guillaume Henri.* **Demi-écu.** — G VIL HENR D. G. PRIN AVR. Buste jeune à droite. — ℟. SOLI, etc. Ecu couronné. P. D. n. 4635. Rare.

1448. *Id.* — **5e d'écu.** — Même type. P. D. n. 4640. Superbe pièce.

1449. *Id.* — *Id.* — Même tête. — ℟. SOLI, etc. Ecu écartelé. P. D. n. 4642. Rare et superbe pièce.

1450. **Deniers, blancs, carlins, liards,** etc. 10 pièces.

Dauphiné.

1451. **Saint-Paul-Trois-Châteaux.** — EPIS. Croix coupant la légende. — ℟. S PAVLI. Mitre. P. D. n. 4667.
Obole très-rare.

1452. **Valence.** — VRBS VALENT. Aigle. — ℟. S APOLINAR. Croix. Denier, obole et maille? 4 pièces.

1453. *Id.* — *Guillaume de la Voulte.* **Gros** ou **Carlin.** — AVE MARIA, etc. La Vierge assise. — ℟. G EPS, etc. Croix feuillue. P. D. n. 4720. Belle et très-rare pièce.

1454. **Gap.** — S. I EPISCOPVS. Tête à gauche. — ℟. VAPINCENSIS. Croix. P. D. n. 4751. Beau et très-rare denier.

1455. *Id.* — ESPICOPVS. Même type. — ℟. VAPITENSIS. Même type. P. D. n. 4752. Beau et très-rare denier.

1456. **Vienne.** — S. M. VIENNA. Tête à gauche. — ℟. MAXIMA GALL. Croix. Deniers et oboles et 2 meraux. 12 pièces.

1457. *Id.* — S MAVRICIVS. Croix. — ℟. VRBS VIENNA. Monogr. de Henri. P. D. n. 4820. Denier rare.

1458. *Id.* — *Id.* — VRBS VIENNA. Croix — ℟. CAPVT GALLIE. Dans le champ. S. M. P. D. n. 4824. Denier. rare 2 pièces.

1459. *Id.* — *Id.* — SANCTVS MAVRICIV. Profil à gauche. — ℟. MAXIMA GALLIAR. Croix à pied cantonnée de VIEN. P. D. n. 4841. Blanc de billon rare.

1460. *Id.* — Même type, avec MAVRICIVS. P. D. n. 4842. Blanc de billon, rare et superbe pièce.

1461. *Id.* — Même type, avec la croix formée par deux traits, et coupant la légende. Demi des deux pièces précédentes; inédite, mais mal conservée.

Dauphins viennois.

1462. *Humbert Ier*. — DALPHS VIEN. Dauphin dans trois arcs de cercle. — ℟. COMES ALBONIS. Croix cantonnée de H. P. D. n. 4850. variété. Beau denier très-rare.

1463. *Jean Ier*. — I DALPHS VIEN. Dauphin. — ℟. COMES ALBONIS. Croix fleuronnée. P. D. n. 4854. Beau denier très-rare.

1464. *Guigues VIII*. **Florin d'or**. — G DPH VIENS. Lis. — ℟. S. IOHANNES. St Jean debout. P. D. n. 4858. florin rare.

1465. *Id.* — **Carlin**. — GVIGO, etc. Le prince assis. — ℟. COMES ALBONIS. Croix. P. D. n. 4859. 2 pièces.

1466. *Humbert II*. **Florin d'or**. — HV DPH VIEN. Lis. — ℟. S IOHANNES. St Jean. P. D. n. 4867 et 4868. 2 pièces.

1467. *Charles V*. —*Id.* — KROL DPHS. V. Même type. P. D. n. 4894.

1468. *Id.* — **Demi-gros**. — KAROLVS FRANCORV REX. Le roi assis de face. —℟. DALPHS VENENS. Croix, SIT, etc. P. D. n. 4912. Rare et belle pièce.

1469. *Louis XI*. **Ecu d'or**. — LVDOVICVS DALPHS VIENSIS. Champ écartelé de France et Dauphiné. — ℟. XPC, etc. Croix. P. D. n. 4980, variété. Rare et très-belle pièce.

1470. *Id.* — **Gros d'argent**. — LVD, etc. Ecu écartelé surmonté d'un dauphin. — ℟. SIT, etc. Croix fleuronnée. P. D. n. 4981. Rare et très-belle pièce.

Archevêques de Lyon.

1471. PRIMA SEDES. Dans le champ, L. G, etc. — ℞. GALLIARV. Croix. P. D. n. 5028, 5029, etc. Denier, 7 belles pièces.

Comtes et princes de Dombes.

1472. *Jean.* — P. D. n. 5073, 5076. *Pierre*, n. 5101. Blanc et deniers. 4 pièces.

1473. *Louis.* **Double écu d'or.** — LVDO. P DOMBARVM. Ecu couronné. — ℞. DNS, etc, 1578. Croix. P. D. n. 5105. Rare et très-belle pièce.

1474. *Id.* — **Ecu d'or.** Même type, 1576. Rare et très-belle pièce.

1475. *Id.* — *Id.* — Même type, 1578. Rare et très-belle pièce.

1476. **Testons, demi-testons, quart d'écu, douzains, liards,** etc. De tous les princes et princesses de Dombes. 30 pièces plusieurs rares.

1477. *Henri.* — H. P. DOMBAR. D. MONTISP. Buste à gauche. — ℞. DNS. ADJVTOR MEVS, 1609. Deux lis avec brisure. P. D. n. 5152, variété. Essai du enier d'argent rare.

1478. *Gaston et Marie.* **Teston.** — GASTON ET MARIA, etc. Leurs buste affrontés. — ℞. DNS, etc. 1639. Ecu accosté de deux monogrammes. P. D. n. 5177. Très-rare et belle pièce.

1479. *Gaston*. **Ecu d'or.** — GASTO FR. VN, REG. etc. Ecu. — ℟. DOMINVS, etc. 1641. Croix. P. D. n. 5183.
Rare et très-belle pièce.

1480. *Id.* — **Grand écu d'argent**. — GASTONVS P DOMBARVM. Buste à droite. — ℟. DOMINVS, etc, 1652. Ecu couronné. P. D. n. 5184. Rare.

1481. *Id.* — Demi-écu. Même type. P. D. n. 5185. Rare.

1482. *Anne Marie.* **demi-écu**. — AN. MA. LVD. PRIN. SUPREDOMBAR. Buste à droite. — ℟. DOMINVS, etc. 1673. Ecucouronné. P. D. n. 5219. Rare et belle pièce.

1483. *Id.* — **Sixième d'écu**. — Même type, date 1665. P. D. n, 5224. Rare et belle pièce.

1484. *Id.* — **Douzième d'écu.** — Même type, n. 5226, 5228, 5236, 5240, 5244. Série curieuse et rare. 5 pièces.

1485. *Famille Doria.* — *Id.* — VIOLANTE, etc. — Même buste. — ℟. DEVS, etc. Ecu accosté de 1666. P. D. n. 5251. Pièce rare.

1485 *bis*. **Lixheim**. — *Henriette de Lorraine.* **Teston**. HENR A LOT, etc. Buste à droite. — ℟. MONETA, etc. Ecu couronné. P. D. n. 5277. Rare et belle pièce.

Franche-Comté, Besançon (archevêques).

1486. *Hugues II, archevêque.* — S STHEPHANVS. Main bénissante. — ℟. CRISOPOLIS V. Croix. P. D. n. 5365. Beau denier.

1487. *Hugues III.* — Même type. — ℞. VESONTIVM. Dans le champ, HVGO. Croix. P. D. n. 5367. Beau denier.

1488. Grands et petits deniers anonymes. 5 pièces.

Ville de Besançon.

1489. *Charles-Quint.* **Quadruple pistolet d'or.** — CAROLVS QVINTVS IMPERATOR. Buste lauré à droite. — ℞. MONE AVREA CIVI BISVNTINE, 1579. Aigle à deux têtes portant un écu. P. D. n. 5398. Très-rare et très-belle pièce.

1490. *Id.* — **Double pistolet d'or.** — Même type, 1595. P. D. n. 5399. Rare.

1491. *Id.* — *Id.* — *Id.* — CAROLVS. QVIN. ROM. IMPERATOR. Buste lauré à droite. — ℞. MONETA CIVIT, etc. Même type, 1666. P. D. n. 5427. Très-rare et splendide pièce.

1492. *Id.* — *Id.* — *Id.* — Même type, 1652. P. D. n. 5427. Très-rare et splendide pièce.

1493. *Id.* — **Demi-ducat.** — CAROLVS, etc. Le roi debout à droite. — ℞. DVCATVS, etc. Dans un cartouche, 1655. P. D. n. 5420. Très-belle pièce.

1494. *Id.* — **daldre ou grand écu**, au même type, 1659. P. D. n. 5422. Très-belle pièce.

1495. *Id.* — *Id.*—*Id.* — CAROLVS V, etc. Buste à gauche. — ℞. MONETA, etc. Aigle supportant deux colonnes, 1641. P. D. n. 5410. Rare et très-belle pièce.

1496. *Id.* — **Demi, quart** et **seizième d'écu,** n. 5112, 14 et 5417. 4 pièces.

1497. *Id.* — **Teston.**— CAROLVS QVINTVS IMPERATOR. Buste couronné à gauche. — ℟. MONETA, etc. Ecu accosté de 1537. P. D. n. 5382. Pièce rare.

1498. *Id.* — **Karolus, demi-karolus.** — Les mêmes (comme comtes de Bourgogne.) Dates variées. 17 pièces.

Abbayes de Lure et de Murbach.

1499. *Jean Rodolphe de Stoeremberg.* **Grand écu.** — IOES RVD D. G. MVRBAC ET LVTREN AB. Ecu sommé d'une mitre. — ℟. CAROLVS V, ROM. IMPERATOR AVG. 56. Aigle à deux têtes. P. D. n. 5448. Rare et belle pièce.

1500. *Léopold.* **Teston.** — LEOPOLD, etc. Buste à droite. — ℟. ADMINISTRA, etc. Ecu, P. D. n. 5487. Rare et belle pièce.

1501. *Id.* — **Grand écu.** — SANCTVS LEODEGARIVS, etc. Le saint assis. — ℟. FERDINANDVS II, etc. Aigle à deux têtes. P. D. n. 5495. Rare et belle pièce.

1502. *Id.* — **2 Batzen.** — Même type. — ℟. MONETA, etc. 1624. Ecu. 2 pièces rares et belles.

Seigneurs du Châtelet-Vauvillers

1503. *Nicolas II.* — NIC DV CHAS, etc. Monogramme, autre donjon, liards. 3 pièces.

Bourgogne.

1504. **Macon.** *Philippe Ier.* — PHILIPPVS REX. Croix. — ℟. MATISCON. Dans le champ S. P. D. n. 5581. Denier.

1505. *Id.* — Même type. P. D. n. 5584. Belle et rare obole.

1506. *Id.* — Même pièce. Fruste et fracturée.

1507. **Cluny.** — CLVNIACO CENOBIO. Croix. — ℟. PETRVS ET PAVLVS. Clef. P. D. n. 5596. Denier.

1508. **Tournus.** S. C. S. VALERIAN. Tête de profil. — ℟. TORNVCIO CAST. Croix P. D. n. 5611, 12 et 5613. denier. 3 pièces.

1509. *Id.* — au même type. P. D. n. 5614. Très-rare et belle obole.

1510. **Dijon.** — PRIMA SEDES en trois lignes. — ℟. DIVIONENSIS. Croix. P. D. n. 5650. Rare et beau denier.

Duché de Bourgogne

1511. *Eudes I.* — ODO DVX BVRG. Croix. — ℟. DIVON CASTRI. Croix. P. D. n. 5654 et 5656. Beaux et rares deniers. 2 pièces.

1512. *Eudes III, Hugues IV, Robert II, Hugues V.* — N. 5659, 5673, 78, etc. Deniers. 6 pièces.

1513. *Robert.* **Gros d'argent.** — ROBERTVS DVX. Croix. SIT, etc. — ℟. TVRONVS CIVIS. Chatel à la Croix. P. D. n. 5675. Rare et belle pièce.

1514. *Eudes IV.* **Florin d'or.** — EV DVX B GVD. Gros lis. — ℟. S IOHANNES B. S. Jean debout. Rare et belle pièce.

1515. — *Id.* **Demi-gros, denier** et **obole** tournois. — P. D. n. 5688, 5690, 5694 et 5695. 6 pièces.

1516. *Philippe le Hardi.* **Gros d'argent.** — PHILIPPVS DVX. Croix. SIT, etc.— ℟. TVRONVS DVCIS. Chatel à la Croix. P. D. n. 5705. Rare et belle pièce.

1517. *Philippe de Rouvre.* **Florin d'or.** — PHS DVX BVRGON. Grand lis. — ℟. S IOHANNES B. S. Jean. P. D. n. 5708. Rare.

1518. **Blancs, doubles**, etc. — *Jean sans Peur, Philippe le Bon, Charles le Téméraire.* 14 pièces.

1519. **Chalon, Auxonne**. — *Hugues IV. Eudes IV, Philippe le Bon*. Demi-gros, doubles, deniers, etc. P. D. n. 5753, 5763, 64, 68, 5771, 72, 74, 5794, etc. 11 pièces.
Plusieurs belles et rares.

Champagne

1520. **Langres**. — Légende barbare rétrograde. — ℞. Dans le champ, RX en monogr. — ℞. Légende barbare, croix cantonnée d'un besant. P. D. n.5830. Denier très-rare.

1521. *Hugues évêque*. — LVDOVICVS REX. Crosse. — ℞. VRBS LINGONIS. Croix. n. 5841 et 5843. 2 deniers.

1522. *Guillaume de Joinville*. — GVL EPISCOPVS. Ecu. — ℞. LINGONENSIS. Croix. P. D. n. 5849. obole très-rare.

1523. **Auxerre**. — AVTSIODERCI, etc. P. D. n. 5880, 83, 88, 5892, 93, 97. Denier et obole, cette dernière fracturée.

1524. **Sens**. — GRACIA DI TIS. Peigne. — ℞. SENONES CIV. Croix. Denier.

1525. **Provins et Sens**. — RILDVNIS CATO. Peigne. — ℞. SIEF GEMIS CIVI. Croix. P. D. n. 5769. Belle et rare obole. 2 pièces.

1526. **Troyes**. — *Thibaut I, Henri II, Thibaut IV*. P. D. n. 5947, 5951 et 5956. Deniers. 7 pièces.

1527. **Provins**. — *Thibaut II, Henri*, I, Thibaut III et IV. P. D. n. 5970, 72, 73. 78, 5980 et 81. Très-beau lot. Deniers et oboles. 15 pièces.

1528. **Provins et le sénat romain.** — SENATVS P. Q. R. Croix. —℞. ROMA CAPVT, etc. Peigne. P. D. n. 5984 et 5993. Deniers.

1529. **Meaux et Troyes.** — MEDIS CIVITAO. Monogramme. — ℞. TRECAS CIVI. Croix. P. D. n. 6036. Denier. 2 pièces.

1530. **Châlons-sur-Marne.** — *Guillaume II.* GVILER EPISCOP. Dans le champ, PAX. — ℞. CATALAVNI CIVI. Croix. P. D. n. 6044. Rare et très-beau denier.

1531. **Reims archevêques.** — *Guy I.* WIDO en deux lignes, autour, REMOR PRESVL. — ℞. VITA XPISTIANA. Croix. P. D. n. 6056. Très-rare et beau denier.

1532. *Id.* — Variété avec REMOR ARCHIPRESVL. *Id.* n. 6057. *Id.*

1533. *Gervais du Château-du-Loir.* — GERVASI ARCHIPRÆSVLIS. — ℞. REMENSIS NMNVS. Croix. P. D. n. 6060.
Très-rare et beau denier.

1533 *bis. Id.* — Même type. Belle obole, unique et inédite.

1534. *Rainaud I.* — C RAI en monogramme. REMIS METROPOLIS. — ℞. SANCTA MARIA. Croix cantonnée de deux lis. P. D. n. 6062.
Denier de la plus grande rareté.

1535. *Raoul.* — RODLF en monogramme; autour, ARCHIEPI. — ℞. NVM REMIS. Croix cantonnée de deux trèfles et deux besants. P. D. n. 6064.
Pièce également très-belle et de première rareté.

1536. *Samson de Mauvoisin.* — SANSON en deux lignes, etc. P. D. n. 6065, 6066 et 6067. Deniers et obole rares.

1537. *Henri I.* — HENRIC en deux lignes. X ARCHIEPISCOPVS. — ℞. X REMIS CIVITAS. Croix. P. D. 6070. Denier très-rare.

1538. *Guillaume I.* — GVLERMVS, etc. P. D. n. 6071, 72, 73. Denier et obole.

1539. *Guy II.* — GVIDONIS en deux lignes. — ℞. ARCHIEPISCOPVS.— ℞. REMIS CIVITAS. Croix. P. D. n. 6077. Rare et beau denier.

1540. *Alberic.* — ALBRICVS en deux lignes, etc. P. D. n. 6078. Denier rare.

1541. *Henri II.* — HENRICVS, etc. Même type. P. D. n. 6080. Beau denier.

1542. *Robert.* — ROBERTVS en deux lignes, etc. P. D. n. 6087. Denier rare.

1543. **Neufchâteau.** *Gaucher de Châtillon.* — G. COMES PORCI. Cavalier. — ℞. MONETA NOVI CASTRI. Epée entre deux alerions. P. D. n. 6095. Rare et très-beau double denier.

1544. **Chiny.** *Louis.* — GALCH COMES PORC. Buste de face. — ℞. MONETA NOVA YVE. Croix. P. D. n. 6099. Esterlin.

Comtes de Rethel.

1545. *Charles II.* **Ecu ou thaler.** — CAROLVS, etc. Aigle couronné, au bas XXX et 1611. — ℞. SVPREMVS, etc. Ecu. P. D. n. 6126. Rare et belle pièce.

1546. *Id.* — Même type, 1613. Rare.

1547. *Id.* — **8e d'écu?** — CAROLVS, etc. Croix cantonnée de quatre lis. — ℟. SVP, etc. Ecu accosté de 1609. P. D. n. 6134. Rare et très-belle pièce.

1547 *bis.* **Double tournois essai d'argent.** — CHARLES, etc. Buste à droite. — ℟. DOUBLE TOURNOIS 1634. Trois lis. P. D. n. 6162. Belle et très-rare pièce.

1547 *ter. Charles III.* **Demi-écu.** — CAROL II DVX MAN ET. M. Buste jeune à droite. — ℟. SIT, etc. Ecu couronné, 1653. Rare.

1548. **Doubles liards, liards, deniers**, etc. des deux règnes

Seigneurs de Château Renaud.

1549. *François de Bourbon et Louise Marguerite.* **Florins d'or.** — S F BOVRB LVD MARGARET LOT. Buste du prince à droite. — ℟. IN OMNEM TER SONVS EO. Ecu couronné. P. D. n. 6233, 6234, 6244, 6245. 4 belles pièces.

1550. *Id.* — **Thaler** ou **Ecu d'argent.** — Bustes affrontés, dessous XXX. — ℟. Même type. P. D. n. 6246. Très-rare et belle pièce

1551. *Id.* — **Quart d'écu.** — Même légende. Ecu accosté de L. M. — ℟. SONVS, etc. Croix fleurdelisée. P. D. n. 6248. Rare.

1552. *Id.* — Même pièce, doubles liards, tournois, etc. 10 pièces.

Seigneurs de Sedan et Bouillon

1553. *Guillaume de La Marck.* **Quart d'écu.** — G. H. DE LA. MARK. Ecu couronné accosté de IIII. — ℟. NON, EST, etc. Croix fleurdelisée. P. D. n. 6280. Rare et belle pièce.

1554. **Huitième d'écu.** — Même type. P. D. n. 6282. Rare et belle pièce.

1555. *Henri de la Tour et Charlotte.* **Écu d'or** ou **pistole.** — HENRI ET CHAR. D. D. BVIL. P S. P., SE. VI. D. TV. Ecu couronné. — ℟. NON EST, etc. Croix formée de quatre tours cantonnée de deux C et deux H. Belle pièce de première rareté.

1556. *Henri de la Tour.* **Double écu d'or.** — HENR, etc. Ecu accosté de deux H. — ℟. SVB. PRINCEPS, etc. Croix feuillue, cant. de quatre H. P. D. n. 6301. Très-belle et rare pièce.

1557. *Id.* — **Grand écu d'argent.** — HENRICVS, etc. 1614. Buste à droite. — ℟. SVP. PRINCEPS. Ecu. P. D. n. 6308. Rare et belle pièce.

1558. *Id.* — **Thaler.** — HENRICVS, etc. 1613. Aigle. — ℟. SVPREMVS, etc. Ecu, trois besants au centre. P. D. n. 6304. Rare et belle pièce.

1559. *Id.* — Même pièce, le petit écusson du centre sans les besants. P. D. n. 6306. Rare et belle pièce.

1560. *Id.* — **Quart d'écu.** — HENRI, etc. Ecu accosté de H. H. — ℞. NON. EST, etc. 1598. Croix fleurdelisée.
Rare et belle pièce.

1561. *Id.* — 5 **Stuivers** ? — HENR, etc. Aigle. — ℞. MONET, etc. 1615. Ecu accosté de deux H. P. D. n. 6318.
Rare et belle pièce.

1562. *Geoffroi Maurice.* — **Essai d'argent du double liard.** — GODEF, etc. Buste à droite. — ℞. DOVBLE DE BOVILLON, 1683. Deux tours et un lis. Très-rare.

1563. Doubles liards, deniers, etc., des divers princes. 16 pièces.

Picardie.

1564. **Amiens.** — Deniers et obole barbares avec PAX. 5 pièces.

1565. *Philippe d'Alsace.* — PHILIPPVS CONES. Dans le champ A. — — ℞. SIMON FECIT. Croix. P. D. n. 6409. Denier rare.

1566. **Soissons.** *Jean.* — IOHANNE COMES. Croix. — ℞. SVESSIONIS MON. Temple. P. D. n. 6497. Rare et beau denier.

1567. *Id.* — *Jean de Clermont.* — I. DE CLAROMONTE. Croix. — ℞. Le même. P. D. n. 6499. Beau denier unique.

1568. *Id.* — *Raoul.* — Denier, antre de St-Médard, n. 6487 et 6518.
2 pièces.

1569. **Noyon**. *Renaud*. — RENOLD EPC. Croix entre deux crosses. — ℟. NOVIOMVS. Croix cantonnée de deux petites croix fichées.
Variété inédite. Rare denier fruste.

1570. *Id.* — *Etienne Ier*. — STEPH EPE. Même type. P. D. n. 6522.
Très-rare et très-beau denier.

1571. **Laon**. *Roger de Rosoi*. — ROGERVS EPE. Tête de face.
Denier. 2 pièces.

1572. **Boulogne**. *Renaud de Dammartin*. Denier. 2 pièces.

•1573. **Calais**. *Henri V et Henri VI*. — Gros et demi-gros.
6 pièces.

1574. **Vermandois**. *Philippe d'Alsace*. — PHILIPPVS; sur une bande COMES. — ℟. SCS QVINTINVS. Tête de face. P. D. n. 6687. Très-rare et beau denier.

1575. *Id.* — *Id.* — Même pièce fruste.

1576. *Id.* — *Eléonore*. — ALIENO en deux lignes. — ℟. XCO VIROMENDVI. — ℟. S QVINTINVS. Croix. P. D. n. 6691 et 6692.
Denier. 3 pièces.

1577. **Ponthieu**. *Guy Ier*. — WIDO COMES. Croix cantonnée de quatre points. — ℟. ABBATIS VILLE. Deux lis et six croissants dans le champ. Variété inédite, très-rare denier.

1578. *Guillaume III*. — WILELM. CONS; dans le champ, PONTIV en deux lignes. — ℟. ABBATIS-VILLE. Croix. P. D. n. 6703 et 6706.
Denier, 3 pièces.

1579. — *Id. Jeanne et Jean de Nesle*. — IOH COMES PONTI. Croix. — ℟. ABBISVILLE en deux lignes. P. D. n. 6712.
Rare et très-belle obole.

1580. *Id.* — *Edouard Ier*. — EDOARDVS REX. Croix. — ℞. MONETA PONTI en deux lignes. P. D. n. 6719. Denier rare.

1581. *Id.* — *Edouard II.* — EDWARDVS REX. Croix. — ℞. MONET POTIV. Au milieu, lion passant. P. D. n. 6721. Den. très-rare.

Artois

1582. **Fauquembergue.** *Eléonore.* — ELIENOR en deux lignes. COMITISSA DE. — ℞. FAVQVENBERGVE. Croix. P. D. n. 6816. Petit denier ou obole très-rare.

1583. *Id.* — *Id.* — AL. CAST. SCI. AVD. Croix cantonnée de deux fleurettes. — ℞. DNA FALCONB en deux lignes. P. D. n. 6823. Petit denier ou obole très-rare.

1584. **Bethune.** — Triangle. — ℞. BETV. Maille. 2 pièces.

1585. **Serain.** *Walerand III.* — G DOMINVS DE LINY. Tête de face — ℞. MONETA SERAIN. Croix. P. D. n. 6910. Esterlin rare.

1586. **Crevecœur.** *Jean de Flandres.* — IOHANNE, etc. Cavalier. — ℞. MONETA, etc. Croix. P. D. n. 6924. Très-beau gros.

1587. **Douay.** — Rameau. — ℞. Croix. P. D. n. 6980. Maille.

Cambray

Toutes les pièces entre les n. 1588 et 1600 sont decrites d'après les planches de l'ouvrage de M. Ch. Robert (1).

1588. *Manassès évêque ?* — Buste à mi-corps ; à côté M ? — ℟. Croix cantonnée de S. T. S. T. Robert page 69. Petit denier.

1589. *Nicolas II ou III.* **Gros d'argent.** — NICOLAVS, etc. Buste de face. — ℟. CAMERACV. Croix coupant la légende ; autour, AVE MARIA GRATIA PLENA. pl. IV, n. 4. Rare.

1590. *Enguerrand de Crequi. Id.* — INGERRANNVS, etc. Même type, pl. V, n. 1. Rare et très-belle pièce.

1591. *Id.* — IGER, etc. Ecu aux trois lions. *Id.* pl. V. n. 8. Esterlin.

1592. *Philippe de Marigny.* — PHILIPPVS. Type du gros, n. 1589. pl. VIII, n. 1. Très-beau et rare.

1593. *Pierre III de Mirepois.* — PETRVS, etc. Même type, pl. IX, n. 3. Très-belle pièce.

1594. *Id.* — PET.... GRA EPS. Croix à pied. SIT, etc. — ℟. CAMERACENS. Pag. 119, vignette. Blanc très-rare.

1595. **Florin d'or.** — Avec FLOR EPI CA et FLOR. EX CHA. 2 pièces.

(1) *Numismatique de Cambray*, 1 gros vol. in-4° 56 pl. Paris 1861.

1596. *Robert de Genève.* **Cavalier d'or.** — ROBERTVS, etc. Cavalier courant à gauche. — ℞. XPS, etc. Croix fleuronnée. pl. XV. n. 3. Très-rare et belle pièce.

1597. *Jean V.* — IOHANNES, etc. Deux écus. — ℞. SIT, etc. Croix. pl. XVIII, n. 4. Demi-blanc rare.

1598. *Maximilien II.* **Thaler.** — MAXIMI. II. ROMA IMP. SEM. AVGV. 1569. Aigle. — ℞. MAX A BERG, etc. Ecu. Pl. XXIV, fig. 2. Variété.

1599. *Louis de Berlaymont.* — *Id.* — MAXIMILI II, etc. 1572. Aigle. — ℞. LVD A. BERIAI MONT., etc. Ecu. Pl. XXVI, n. 2. Ecu rare.

1600. VI deniers. II deniers, méréaux, etc. 15 pièces, plusieurs rares.

COMTES DE FLANDRE.

Les pièces n. 1601 à 1120 sont citées d'après Galliard (1), et les n. 1621 à 1637, d'après les planches de Deschamps de Pas (2).

1601. *Gérolf.* — GANT. Tête casquée.— ℟. GEROLF. Croix. Galliard. n. 29. Maille très-rare.

1602. *Simon.* — Deux lis, etc. — ℟. SIMON F. n. 32, 36. Maille 4 pièces.

1603. **Bruges.** — Guerrier debout. — ℟. BRVG. Croix. n. 50, 53 59 et 60. Maille 4 pièces.

1604. **Courtray.** — Ecu. — ℟. CVRT. Croix. n. 55. Maille rare.

1605. **Gand.** — Tête casquée. — ℟. GANT. Croix. n. 74 et 83, 86, 88. Maille 4 pièces.

1606. **Lille.** — Ecu rvec un lis. — ℟. LILA. Croix. n. 107. Maille 4 pièces.

1607. **Ipres.** — Ecu au lion, — ℟. IPRA. Croix. Maille 4 pièces.

(1) *Recherches sur les monnaies des comtes de Flandre*, Gand, 1852, 1 vol et pl.

(2) *Essai sur l'histoire monétaire des comtes de Flandre*, 1 vol. 8, et pl. extr. de la *Revue numismatique française*

1608. *Guy de Dampierre.* — MARCHIO NAMVRC. Tête de face. — ℟. G COMES FLADRE. Croix. n. 158. Esterlin. 2 pièces.

1609. *Philippe de Thiette.* **Gros.** — PH. COIT FLAND. Croix, GARCIA, etc. — ℟. MONETA ALOST. Portail. n. 164.
Pièce très-rare.

1610. *Robert de Béthune.* — R. COMES FLANDRIE. Tête de face. — ℟. MONETA ALOTEN. Croix. n. 175. Esterlin rare.

1611. *Louis Ier de Nevers.* — LVDOVIC, etc. Croix. — ℟. MONETA GANDENSIS. Lion debout. n. 188. Demi-gros.

1612. *Id.* — LVDOVIC, etc. Croix. — ℟. MONETA FLANDRIE. Lion debout. n. 201. Gros. 2 pièces.

1613. *Louis II de Male.* **Demi-écu d'or.** — LVDOVICVS, etc. Le comte assis tenant l'écu avec l'aigle. — ℟. XPC, etc. Croix. n. 208. Rare et belle pièce.

1614 *Id.* — **Quart d'écu.** — Même type, n. 209. Belle pièce.

1615. *Id.* — **Mouton d'or.** — AGN, etc. Mouton; dessous, LVD. CO. F. n. 210.

1616. *Id.* — **Franc à cheval** — LVDOVIC, etc. Le duc à cheval. n. 213.

1017. *Id.* **Lion d'or.** — LVDOVICVS, etc. Lion heaumé sur une estrade. — ℟. BENEDICTVS QVI VENIT, etc. Croix cantonnée de FLAN. n. 214. Superbe pièce.

1618. *Id.* — **Heaume.** — LVDOVICVS, etc. Deux lions soutenant un écu incliné placé sous un heaume. —℟. Le même, n. 216.
Rare et magnifique pièce.

1619. *Id.* — **Ecu d'or**. — LVDOVICVS, etc. Le duc assis tenant l'écu au lion. — ℟. XPC, etc. Croix. n. 218. Très-belle pièce.

6620. *Id.* — **Gros, demi-gros, denier**. n. 221, 227 et 229. 3 pièces.

1621. *Philippe le Hardi.* **Noble d'or**. — PHS DEI GRA, etc. Le duc sur un navire. — ℟. IHC AVTEM. Croix cantonnée de quatre léopards, Deschamps de pas. n. 15. Rare et belle pièce.

1622. *Id.* — **Double gros** et **gros** au lion, n. 18, 19. 2 pièces.

1623. *Jean Sans-Peur.* **Noble d'or.** — IOHS DEI GRA, etc. Le duc sur un navire. — ℟. IHC, etc. Croix du n. 1611. n. 25. Très-rare et très-belle pièce.

1624. *Id.* — **Doubles gros.** — IOHS. Deux écus heaumés, etc. n. 26 et 31. 2 pièces.

1625. *Philippe le Bon.* **Noble d'or.** — PHS DEI GRA. Le duc sur un navire. — ℟. Celui du 1621. n. 38. Rare et belle pièce.

1626. *Id.* — **Demi-noble.** — Même type. n. 13.

1627. *Id.* — **Cavalier d'or.** — PHS, etc. Le duc au galop à droite; dessous, FLAD. n. 44.

1628. *Id.* — **Demi-cavalier**. — Même type, n. 45. Très-rare et superbe pièce.

1629. *Id.* — **Lion d'or.** — PHS, etc. Lion assis à gauche. — ℟. SIT, etc. Ecu à sept quarts, n. 51. Très-belle pièce.

1630. *Id.* — **Lionceau d'or** (ou deux tiers du lion). — Même type, n. 52. Très-rare et très-belle pièce.

1631. *Id.* — **Doubles gros gros, denier.** — N. 35, 41, 46 47 et sup. 7. D pièces

1632. *Charles le Téméraire.* **Florin d'or.** — KAROLVS, etc. Ecu. — ℟. SANCTVS ANDREAS. Saint André debout. n. 57.

1633. *Id.* — **Double patards, briquets, deniers,** etc. — N. 60, 62, 63, 65, 66, 70, sup. 10. 7 pièces.

1634. *Marie.* — MARIA, etc. Grand M gothique, etc. n. 73. 2 pièces.

1635. *Philippe le Beau.* **Florin d'or.** — PHS, etc. Ecu. — ℟. Saint debout, à ses pieds l'écu au lion. Rare.

1636. *Id.* — **Gros, 1/2 gros.** — PHS, etc. Ecu avec GAND. — ℟. Lion. 2 pièces.

1637. **Ville de Gand. Noble d'or.** — MON AVREA, etc. Figure sur un navire accostée de N. T. — ℟. NISI DMS, etc. 83. Croix, Rare et superbe pièce.

COMTES DE HAYNAULT.

Du n, 1638. au n. 1657, les pièces sont citées d'après R. Châlon (1).

1638. *Jeanne.* — Monogramme de Hainault. — ℟. Croix. Châlon. n. 3, 4, 9 et 10. Mailes. 8 pièces.

1639. *Marguerite de Constantinople.* **Gros.** — N. 13 et 17. 2 pièces.

1640. *Jean II d'Avesne.* **Gros.** — IOANNES COMES. Croix, SIT, etc. — ℟. HANONIE. Monogr. de Hainault. n. 24. Rare et belle pièce.

1641. *Guillaume Ier.* **Gros.** — WILL, etc. Cavalier, n. 45. Rare.

1642. *Id.* — **1/2 gros.** — GVILLEM, etc. Croix. — ℟. Monogr. avec HAYN. n. 47. Rare.

1643 *Id.* — *Id.* — Variété avec SIGNVM CRVCIS. n. 50. Belle et rare.

1644. *Id.* — **Esterlin.** — VALENCHENSIS. Monogramme. n. 52. Belle et rare pièce.

1645. *Id.* — **Gros.** — GVILLELMVS, etc. Lion. — ℟. MONETA, etc. n. 53. Rare.

(1) *Recherches sur les monnaies des comtes de Hainault*, 1 vol. in-4° pl.

1646. *Id.* — **Denier.** — GVIL, etc. Croix à pied. — ℞. MONETA, etc. Monogr. de Hainault. Belle et rare pièce.

1647. *Guillaume II.* **Gros.** — COMES HANONIE. Croix. — ℞. MONETA VALENC. Lion. n. 73. Très-belle pièce.

1647 *bis. Marguerite II.* **Plaque.** — MARGARET, etc. Monogr. — ℞. MONETA VALENCENENSIS. Croix. SIT, etc. n. 85. Très-belle pièce.

1648. *Id.* — **Denier.** — MARG. COMIT HANON. Ecu. — ℞. MONETA VALEN. Croix. Très-rare.

1649. *Guillaume III.* **Plaque.** — GVILLELMVS. Monogr., etc. n. 101. 2 belles pièces.

1650. *Albert de Bavière.* — *Id.* — DVX ALBERTVS, etc. Monogr. — ℞. MOMETA, etc. n, 123. Rare et belle pièce.

1651. *Guillaume IV.* **Ecu d'or.** — GVILLELM. Ecu couronné. — ℞. XPS, etc. Croix. n. 132. Très-rare et très-belle pièce.

1652. *Id.* — **Plaque.** — ..... DVX. DEI GRA COM. HANO. HOL. Lion assis dans un enclos tenant un écu. — ℞. MONETA, etc. Croix dans un cercle à quatre lobes. n. 137. Pièce très-rare.

1653. *Id.* — **Demi-plaque.** — GVILLELM, etc. Ecu. — ℞. MONETA, etc. Même croix. n. 140. Pièce très-rare.

1654. *Jean IV.* **Demi-gros.** — IOH, etc. Deux écus. — ℞. MONETA FCA, etc. Croix. n. 151. Rare.

1655. *Philippe le Bon.* **Lion d'or.** — PHS DEI GRA. Lion assis à gauche sous un dais. ℟. SIT, etc. Ecu. n. 157 Très-belle pièce.

1656. *Id.* — Même pièce, mal conservée.

1657. *Id.* — Plaque, deniers, etc. 3 pièces.

Brabant.

Les numéros cités sont ceux de l'ouvrage de M. Serrure (1)

1658. **Mailles** au cavalier, au lion, au mouton, etc. 7 pièces.

1659. *Jean II.* — MONETA BRVXEL. Châtel. — ℟. BRABANTIE DVX. Crox. SIT, etc. Serrure. n. 41. Gros très-beau et rare.

1660. *Jean III.* — **Double mouton d'or**. AGN, etc. Agneau à gauche; dessous, IOH DVX. — ℟. XPC, etc. Croix. n. 51. Très-rare et très-belle pièce.

1661. *Id.* — **Mouton d'or.** Même type. n. 52. Belle pièce.

1662. *Id.* — **Gros esterlings**, etc. 9 pièces, plusieurs rares.

1663. *Jeanne.* **Cavalier d'or.** — IOHANNA, etc. La duchesse à cheval à gauche. — ℟. XPC, etc. Croix. n. 81. Rare et très-belle pièce.

(1) *Notice sur le cabinet monétaire de S. A. le Prince de Ligne.* Gand, 1847 1 vol. 12 pl.

1664. *Id.* — **Gros au lion.** MONETA FILFD. Lion. — ℞. I. DVC. LOT. BRAB.. Croix. SIT, etc. n. 85. Belle et rare pièce.

1665. *Jean IV.* — **Aignel d'or.** — AGN. DEI QUI TOLL. PECA MVDI MISERERE. Agneau à gauche entouré d'un cercle à 10 lobes; dessous, I. DX. B. — ℞. XPC. Croix fleuronnée cantonnée de 4 lis. Pièce très-rare.

Cette pièce étant identique, comme fabrique et comme style, avec les monnaies de Charles VI et VII de France, nous pensons l'avoir justement attribuée en la plaçant ici.

1666. *Id.* — **Double gros.** — IOHANES, etc. Deux écus sous un heaume. ℞. MONETA, etc. Croix. n. 94. Rare et belle pièce.

1667. *Philippe le Bon.* **Lion d'or.** — PHS, etc. Lion assis sous un dais. — ℞. SIT, etc. Ecu sur une croix. n. 101. Rare et belle pièce.

1668. *Id.* — **Cavalier d'or.** — PHS, etc. Le duc à cheval, dessous, BRAB. — ℞. Même écu sur une croix. n. 103. Belle pièce.

1669. *Id.* — **Ecu d'or.** — PHS, etc. Buste de S. Pierre sur un écu. — ℞. PAX, etc. Croix. n. 104. 2 pièces.

1670. *Charles le Téméraire.* **Florin d'or.** — KAROL, etc. Ecu sur une croix. — ℞. SANCTVS ANDREAS. Le saint debout. n. 106. Très-belle pièce.

1671. *Id.* — **Double sol, double et simple, briquet.** 5 pièces.

1672. *Philippe le Beau.* **Florin d'or.** — PHS, etc. Croix ornée. — ℞. S PHE INTERCED PRO NOBIS. Buste de S. Philippe; au-dessous un écu. n. 128. Rare. 2 pièces.

1673. *Id.* — **Demi-florin.** — Même type. Très-rare.

1674. *Id.* — **Toison d'argent.** — PHS, etc. Ecu sur une croix. ℞. INICIVM, etc. Grande toison. n. 129. Rare et belle pièce.

1675. *Philippe II d'Espagne.* **Ecu d'or.** — DOMINVS MIHI ADIVTOR. Buste de Philippe à droite. — ℞. PHS. D. G. HISP REX. DVX. B. Ecu.

1676. *Albert et Isabelle.* **Double ducat d'or.** — ALBERTVS, etc. Ecu. — ℞. ARCHIDVCES. Croix, 1602. Belle pièce.

1677. *François d'Alençon.* **Ecu d'argent.** — FRAN, etc. Buste à droite. — ℞. AETERNVM, etc. Ecu accosté de deux F.
Très-rare et belle pièce.

1678. *Id.* — **Médaille d'argent.** — FRAN, etc. Buste couronné à droite. — ℞. FOVET. ET. DVSCVTIT. Soleil, dessous 1582.
Très-rare et superbe pièce.

1679. *Id.* — Même pièce, la tête nue, frappe moderne

1680. Lot de la pièces de billon et de cuivre de François, Philippe, etc.
15 pièces.

1681. *Maximilien et Marie de Bourgogne.* **Grand écu d'argent.** — MAXIMIL., etc. Buste couronné à droite; dans le champ, ETATIS 19. — ℞. MARIA, etc. Buste de Marie à droite; dans le champ, ETATIS 20, au bas 1479.
Rare et très-belle pièce.

Hollande (comté de)

1682 *Guillaume VI.* **Ecu d'or.** — GVILLEL, etc. Le comte tenant un écu.

1683. *Philippe le Bon. Id.* — PHS, etc. Même type. 3 pièces.

1684. *Philippe le Beau.* **Florin d'or.** — PHS, etc. Type de St Philippe. 2 pièces.

1684 *bis.* **Demi-noble** de Transylvanie.

1685. *Id.* — **De Thorn.** — MONETA NOVA AVREA THORNENSIS. Vaisseau. — ℞. St Michel. Rare et belle pièce.

1686. **Florin et cavalier d'or** de Charles d'Egmont, duc de Gueldres. 2 pièces.

1687. Pièces de billon, etc. des comtes de Hollande, évêques de Liége, d'Utrecht, etc. 12 pièces.

Duché de Lorraine

Depuis le n. 1688 jusqu'au n. 1735 les pièces sont citées d'après M. F. de Saulcy (1).

1688. *Simon II.* — Cavalier, dessous s. — ℟. SAIN DIE. Epée accostée de deux s. de Saulcy, n. 9. Denier rare.

1689. *Ferri II.* — Cavalier, dessous châtel. — ℟. F DVX LOH. Croix. n. 11. Denier rare.

1690. *Ferri III.* **Deniers.**—Pl. II, n. 14, 16, 18, 19, 27 et pl. III, n. 1, 2, 3, 4, 6 et 12. 15 pièces, plusieurs très-rares.

1691. *Thibaut II.* — Petit et grand denier. Pl. III, n. 16 et 17. 2 belles pièces.

1692. *Ferri IV.* — Grands et petit denier. Pl. III, n. 19 et 20. 3 belles pièces.

1693. *Id.* — FERRICVS DEVX. Croix. SIT, etc. — ℟. TVRONVS DVCIS. Châtel. Pl. IV. n. 10. Tiers de gros. Belle et rare pièce.

1694. *Gaucher de Châtillon.* — GAVCH. Le duc debout à droite. — ℟. WEDEMN. Epée la pointe en bas. Beau denier très-rare et inédit, gravé n. 31.

(1) *Recherches sur les monnaies des ducs de Lorraine.* 1 vol. in-4°, 36 p.

1695. *Marie de Blois* régente. — MARIE DUCHESSE, etc. Croix. Pl. V, n. 13. Rare et belle plaque.

1696. *Jean Ier*. **Gros, 1/2 gros et denier**. — Pl. VI, n. 4, 14 et 16, et pl. VII, fig. 3. 4 rares et belles pièces.

1697. *Charles II. Id.* — *Id.* — Pl. VIII, n. 7, 8, 10, et pl. IX, n. 11, 17 et 19. 7 pièces, plusieurs belles et rares.

1698. *Id.* — Demi-gros au cavalier. — Pl. VIII, n. 5; et gros. pl. IX, n. 7. 2 pièces très-rares.

1699. *René Ier d'Anjou.* — Gros, 1/2 gros. — Pl. X, n. 10, 13, et pl. XI, n. 3. 6 pièces.

1700. *René II*. **Florin d'or**.—RENATVS, etc. Armes.—℟. TVA IVVET OR. St-Nicolas. Pl. XII, n. 6. Très-rare et très-belle pièce.

1701. *Id.* — **Demi-florin**. — Même type, avec MONETA NANCE. Pl. XII, n. 4. Très-rare et très-belle pièce.

1702. *Id.* — Denier, plaque et demi-plaque. Pl. XII, n. 9; pl. XIII, n. 8, et pl. XIV, n. 1. 3 pièces.

1703. *Antoine*. **Florin d'or**. — ANT CALAB. LOTH L. B. DVX Buste couronné à gauche. — ℟. FLOR NANCEI CVSVS, 1526. Ecu Pl. XV, n. 14. Pièce très-belle de première rareté.

1704. *Id.* — **Double écu d'argent**. — ANTHONIVS, etc. Le duc à à mi-corps à gauche tenant une épée. — ℟. Neuf écussons. Pl. XVI, n. 2. Très-rare et très-belle pièce.

1705. 1706 *Id.* — Teston, demi-teston, plaque, demi-plaque, denier, etc. Pl. XIV, n. 12, 13; pl. XV, n. 15, 16, etc. 9 pièces.

1707. *François Ier*. **Teston**. — FRANCISCVS, etc. Buste à gauche. — ℟. MONETA NANCEII. CVSA, 1541. Ecu. Pl. XVII, n. 8.
Belle et très-rare pièce.

1708. *Nicollas* (administrateur).— NIC VAV ADM LOT. B. Ecu couronné. — ℟. MONETA FACTA NAN. Epée. Pl. XVII, fig. 10. Rare.

1709. *Charles III* (le grand duc). **Ducat d'or**. — CAROL D. G. GAL LOTAR B DVX. Buste du duc à droite. — ℟. MONETA AVREA NANCEI CVSA. Ecu couronné. Pl. XXI, n. 6.
Très-rare et très-belle pièce.

1710. *Id.* — **Demi-ducat**. — Même type, cité seulement par M. de Saulcy, page 151. Très-rare et superbe pièce.

1711. *Id.* — **Demi-ducat**. — CAROL D. G. GAL LOTH. B. G DVX. Ecusson plein de Lorraine couronné. — ℟. DA MIHI VIRTV CONTRA HOSTES. Croix de Jérusalem dans un contour fermé par huit arcs de cercle. Pièce splendide et inédite.

1712. *Id.* — **Grand écu ou thaler**. — CARO D. G, etc. Buste jeune à droite. — ℟. MONETA NANCEII. CVSA. Ecu couronné. Pl. XX, n. 1. Très-rare et belle pièce.

1713. *Id.* — CARO, etc. Autre buste. — ℟. Sans légende, huit écus couronnés. Pl. XX. n. 2. Rare et très-belle pièce.

1714. *Id.* — CAROLVS, etc. Buste barbu à gauche. — ℟. MO NOVA NAN CVS. Ecu heaumé, etc. Pl. XXIV, fig. 3.
Rare et très-belle pièce.

1715. *Id.* — **Demi-écu**. — Même buste à droite. — ℟. Le même. pl. XXIII, n. 10. Pièce rare, mais elle est fruste.

1716. *Id.* — Teston, demi et quart de testons. Pl. XIX, n. 7, 9 ; pl. XXI, n. 4 et 5; pl. XXII, n. 2 et 4; pl. XXIII, n. 6 et 9.
8 pièces.

1717. *Id.* — Grands et petits deniers, obole, etc. Pl. XVIII, n. 2, 3, 4, etc., etc. 16 pièces, plusieurs rares.

1718. *Henri le Bon.* **Ducat d'or.** — HENRI D. G. etc. Buste à droite. — ℟. MONETA, etc. Ecu couronné. Pl. XXV, n. 1.
Pièce très-rare.

1719. *Id.* — **Florin d'or.** — HENRI, etc. Armes pleines de Lorraine, etc. — ℟. MONETA, etc. St Nicolas. Pl. XXIV, n. 4.
Rare.

1720. *Id.* — **Teston.** — Denier, obole, etc. Pl. XXV, n. 2, etc.
8 pièces.

1721. *Charles IV.* **Teston.** — CAROLVS, etc. Buste à droite. — ℟. MONETA NOVA ROMAR[ti] CVSA. Ecu. Pl. XXVII, n. 4.
Rare et très-belle pièce. 2 ex.

1722. *Id.* — **Quart de teston.** — CAROLVS, etc. Buste à droite. — ℟. MONETA NOVA NANCEI CVSA. 1629. Ecu. Pl. XXVI, n. 5.
Pièce très-rare et très-belle.

1723. *Id.* — Teston, demi-teston, deniers. — Pl. XXVIII, n. 1 et 3. etc.
6 pièces.

1724. *Charles IV et Nicole.* Grands et petits deniers. 3 pièces.

1725. *Léopold.* **Léopold d'or.** — LEOPOLDVS, etc. Tête laurée à droite. — ℟. TV DOMINE SPES MEA. Ecu. Pl. XXXI, n. 7.

1726. *Id.* — Même pièce, l'écu différent. Pl. XXXII, n. 7. *Id.*
Rare et splendide pièce.

1727. **Demi-Léopold.** — Même tête. — ℞. SPES MEA, etc. Quatre écussons couronnés. Pl. XXXI, n. 4. Rare et splendide pièce.

1728. *Id.* — **Grand écu d'argent.** — LEOPID. G. LOT BA. REX IE. Buste jeune drapé et cuirassé à droite. — ℞. IN TE DOMINE SPERAVI 1700. Écu simple de Lorraine, rond, couronné, posé sur un cartouche. Belle pièce inédite.

1729. *Id.* — *Id.* — Même légende, buste drapé à droite. — ℞. Même légende, écu rond de Lorraine et de Bar. Pl. XXIX, n. 8.
Rare et très-belle pièce.

1730. *Id.* — **Demi-écu.** — LEOP, etc. Tête nue à droite. — ℞. IN TE, etc. Écu carré. Pl, XXXII. d. 5. Rare et très-belle pièce.

1731. *Id.* — *Id.* — Même type, l'écu simple de Lorraine. Pl. XXXI. n. 9.

1732. *Id.* — **Quart et huitième d'écu** (ou testons et demi-testons). Pl. XXX. n. 6, 7. 8; pl. XXXI, n. 1 et 11; pl. XXXII. n. 1 et 2. Très-beau lot de pièces rares et de belle conservation.

1733. *Id.* — Monnaies de billon et de cuivre. 17 pièces variées.

1734. *François III*, **François d'or.** — FRANC III, etc. Buste à droite, au bas 1736. — ℞. TV DOMINE SPES MEA. Écu avec sceptre et main de justice. Pl. XXXIV, n. 5.
Très-rare et splendide pièce.

1735. *Id.* — **Demi-écu d'argent.** — Même tête. — ℞. IN TE DOMINE, etc. SPERAVI, 1736. Écu accosté de deux croisettes. *Id.*, n. 8. Également rare et splendide pièce, flan bruni.

Evêques de Metz.

Les numéros cités sont également ceux des planches de l'ouvrage de M. F. de Saulcy sur les évêques de Metz (1).

1736. *Heriman.* — HERIMAND EPS. Croix. — ℟. STEPHANVS. Buste à droite, n. 14. Rare et très-beau denier.

1737. *Etienne de Bar.* — STEPHANVS. Buste à gauche. — ℟. METTIS, en trois lignes; dans le champ quatre étoiles, sup. n. 95. Rare et très-beau denier.

1738. *Bertram.* — BERRAM. Buste à droite. n. 31, 32. 2 deniers.

1739. *Conrad I de Scharphenneck.* — CONRADVS. Buste à gauche. — ℟. METENSIS. Croix. n. 33, Denier très-rare.

1740. *Jean I d'Apremont, Jacques de Lorraine,* — IOHAN. Même type. 3 deniers.

1741. *Bouchard d'Avesnes.* — BOVIARDVS. Ecu avec crosse, etc. — ℟. MARSALLIENSIS. Croix pattée. Très-beau denier inédit.

1742. *Renard de Bar.* — REPS, etc. Cavalier, sup. n. 131. Rare et très-beau denier.

(1) *Recherches sur les monnaies des évêques de Metz*, avec suppl. 1 vol. in-8°, et planche Paris, 1833.

1743. *Adhémar de Monthil.* — ADEMARIVS EPS. Buste à droite. — ℟. MONETA METENSI. Croix. n. 62 et 62. 2 doubles deniers.

1744. *Id.* — A. EPS. Même buste. — ℟. METENSIS. Croix. n. 64. 2 pièces.

1745. *Id.* — ADEMARIVS, etc. Buste de face. n. 66. Gros très-beau et rare.

1746. *Id.* — ADEMARIVS EPS METEN. Le saint à genoux entre ses deux bourreaux qui le frappent avec de grosses pierres. — ℟. MONETA, etc. Crosse et deux écus, sup. n. 142. Demi-gros très-rare.

1747. *Thierri de Boppart.* — THEOD, etc. L'évêque debout. n. 72. Superbe gros 2 pièces.

1748. *Id.* — THE EPS. Buste de l'évêque. — ℟. MONETA, *id.* n. 74. Très-beau et rare denier.

1749. *Id.* — THEODER EPS. Grand M. — ℟. MONETA ME, etc. n. 75. Angevine rare.

1750. *Raoul de Coucy.* — RAO D. COCY, etc. Demi-gros et angevine. n. 77, et sup. n. 153. 2 pièces.

1751. *Charles Ier de Lorraine.* — CAROLVS, etc. Buste à droite. — ℟. S. STEPHANVS PROTHO M. Le saint debout. n. 62. Grand écu, très-rare.

1752. *Robert de Lenoncourt.* — ROBERTVS, etc. Buste à droite. — ℟. SANCTVS STEPHANVS METENSIS. Le saint à genoux, sup. n. 174. Grand écu très-beau et rare.

1753. *Id.* — R DE LENONCOURT. Ecu, etc. Sup. n. 182. Buyne rare.

1754. *Id.* — Demi-bugne et denier, n. 85 et 91. 2 pièces rares.

1755. *Charles II.* — Gros bugne et denier, n. 95, etc. 3 pièces.

1756. *Henri de Verneuil.* — HENRI, etc. Ecu. — ℟. MONETA NOVA VICENSIS. Double aigle. Sup. n. 202. Rare et magnifique pièce.

1757. *Id.* — Même écu. — Même légende, H. couronné. n. 100. Rare.

Monnaies de la cité de Metz.

Les pièces citées entre les n. 1758 et 1768 sont toujours d'après l'ouvrage de M. de Saulcy, sur la ville de Metz (1).

1758. — Buste du saint à gauche, — ℟. METTIS. Croix. n. 1. Denier.

1759. — Même type. Variété. Deniers, 2 pièces.

1760. **Florin d'or.** — S. STEPHANVS PROTOMARTIR. Buste à gauche. — ℟. FLORENVS CIVIS METENS. Ecu. Pl. I, n. 6. Rare et très-belle pièce.

1761. **Écu ou thaler.** — Même type. n. 4. Rare et superbe pièce.
1762. **Demi-écu.** — Même type. n. 5. Rare.

(1) *Recueil des documents historiques relatifs à l'histoire monnétaire des évêques de Metz*, 1 vol. in-8, pl.

1763. **Quart de thaler.** — Même type. n. 6.
Rare et très-belle pièce.

1764. **Franc.** — Même type, date 1612. n. 1, pl. 11.

1765. **Double** et **simple denier.** — S. STEPHANVS. Tête de face.
2 pièces.

1766. **Florin d'or.** — S. STEPHANVS PROTHOMAR. Le saint debout.
— R̷. FLORENVS, etc. Ecu de la ville. Pl. I, n. 1. 3 variétés.

1767. **Écu ou thaler.** — Même type. 1633. Pl. I, n. 2.
1768. — Testons, Gros et demi-gros, bugnes, deniers, etc. 18 pièces.

Évêques de Toul.

Les pièces entre les n. 1769 et 1772 sont citées d'après l'ouvrage de M. Robert sur les évêques de Toul (1).

1769. *Gilles de Sorcy.* — GILES AVESKES. Crosse, etc. Pl. V. n. 5.
Denier rare.

1770. *Conrad Probus.* — Buste de l'évêque à gauche. — R̷. TVLLO.
Croix. Pl. VI, n. 4. Denier. 2 pièces.

1771. *Thomas de Bourlemont.* — THOMAS DEI GRATIA. Buste de face.
— R̷. EPS TVLLENSIS. Croix. Pl. VIII, n. 5. Esterlin très-rare.

(1) *Recherches sur les monnaies des évêques de Toul*, Paris, 1844, 1 vol. 4 planches.

1772. *Incertaines.* — TVLLO. Porte de ville? — ℟. Sans légende. Croix. Pl. x, n. 5, etc. 2 pièces.

Évêques de Verdun.

1773. *Thierry.* — TIEDERIC EPS. Buste à droite tenant une crosse. — ℟. VIRDUNVM. Porte de ville.
Très-beau, grand denier inédit.

1774. *Id.* — Même type, sans la crosse. Petit denier, inédit.

1775. *Id.* — TEDERIC EPS. En trois lignes. — ℟. MARIA VIRGO. En quatre lignes. Deniers et obole. 3 pièces.

1776. *Id.* — TIEDERICVS, EPS. Croix. — ℟. SCA MARIA. Tête de la Vierge. Deniers et oboles. 4 pièces.

1777. *Richer.* — RICHE EPVS. Croix. — ℟. VDVM; autour, S. MARIA, etc.
Deniers. 4 pièces.

1778. *Henri IV d'Apremont?* — HENRICVS EPS. Croix. SIT, etc. — ℟. EC MONETA VIRI. Châtel à la croix, 10 trèfles en bordure. Tiers du gros d'argent. Très-beau et très-rare.

1779. *Hugues de Bar.* — HVGONVS EPISCO. Croix. SIT, etc. — ℟. TVRONVS CIVIS, Châtel à la croix; bordure, douze lis.
Gros de billon unique ?

1780. *Eric de Lorraine.* **Florin d'or.** — ERIC A LOTH EPS, ET COM. VIR. Buste à droite. — ℟. FLORENVS AVREVS AN, 1608 B. Ecu couronné. Belle et très-rare pièce.

1781. *Id.* — Denier de billon au même buste à gauche. 2 pièces.

1782. *Id.* — Même buste à droite. — ℞. ❧ECT DV. BVREAV. Ecu rond. Très-rare et magnifique jeton d'argent.

Comté et Duché de Bar

Les pièces entre les numéros 1783 et 1788 sont cotées d'après les planches de l'ouvrage de M. F. de Saulcy. (1)

1783. *Henri IV.* — HENRICVS COMES. Croix. — ℞. BARRI DVCIS. Deux Bars. Pl. I. n. 2 et 3. Denier et obole frustes.

1784. *Robert.* **Florin d'or.** — ROBERTVS DVX. Lis. — ℞. S IOHANNES B. S. Jean debout, pl. IV, n. 11. Rare et belle pièce trouée.

1785. *Id.* — **Blanc** (de billon). ROBERTVS DVX. Croix à pied. — ℞. TVRONVS CIVIS. Châtel à la couronne, pl. VI. n. 2. Très-rare.

1786. *Id.* — ROBERTVS DVX. Croix cantonnée de deux roses. — ℞. BARRE entre deux couronnes, pl. V, fig. 6. *Id.*

1787. *Id.* — Grand R couronné; autour, DEI GRATIA. — ℞. BARRENSIS DVX, pl. VI et denier, pl. IV, n. 5. 4 pièces.

(1) *Recherches sur les monnaies des comtes et ducs de Bar.* Paris. 1843. 1 vol. in-4° et pl.

1788. *Louis.* — LVDOVICVS KAR. Dans le champ, BAR. — ℟. MONETA S. MICH. Croix, pl. VII, fig. 7, variétés.
Denier très-beau et très-rare.

Alsace. — Évêques de Strasbourg

Les monnaies entre les numéros 1789 et 1819, sont citées d'après l'ouvrage allemand de Berstett (1) sur l'Alsace

1789. Monnaies muettes — Types variés. 9 deniers à fleur de coin.

1790. *Henri II.* — HEN.... Buste couronné à gauche. — ℟. ARGENTINA CIVI. n. 132. Rare et très-beau denier.

1791. *Id.* — HEN.... Buste de face. — ℟. Le même. n. 136.
Denier rare.

1792. *Jean de Manderchied.* — Pièce de deux kreutzers. 3 pièces.

1793. *Charles de Lorraine.* — Testons, pièces de trois kreutzers.
6 pièces.

1794. *Louis Constantin.* — **grand écu.** LVD CONST, etc. Buste à droite. — ℟. SIT, etc. 1759. Ecu sur un manteau, pl. IX. n. 175. Rare et très-belle pièce.

(1) Versuch einer Münzgeschichte des Elsasses. Fribourg. 1 vol. 1840. 4 pl.

1795. *Id.* **Quart de thaler.** — Essai au même type, 1759, à fleur de coin.

1796. *Id.* — **XIIe de thaler.** Même type, 1759. Pl. IX. n. 176.

1797. *Id.* — **20 et 10 kreutzer.** LVD, etc. Armes. *Id.* n. 178. 2 pièces.

Ville de Strasbourg

1798. Pièces muettes au lis, à l'ange, etc. 7 pièces.

1799. **Florin d'or.** — VRBEM CHRISTE, etc. La Vierge assise. — ℟. AVREVS VRBIS, etc. Croix sur un globe. n. 236 et 237. 3 très-belles pièces.

1800. *Id.* — GLORIA IN EXCELSIS DEO. Armes. — ℟. DVCATVS, etc. n. 240. Très-belle pièce.

1801. **Ecu ou thaler.** — NVMMVS etc. Ecu. — ℟. SOLVS etc. lis. n. 119. 2 très-belles pièces.

1802. **Demi-écu.** — Même type. n. 805. *Id.* *Id.*

1803. **Quart d'écu, gros** et divisions, etc. n. 205, 207, 209, 210, 213, 221, etc. 14 pièces très-belles.

1804. **Piéfort ou 2 kreutzer.**— GLORIA etc. lis. — R̸. MONETA ARGENTOR ; dans le champ, II KREUTZEN, n. 205.
Rare et à fleur de coin.

1805. **30, 10 et 2 sols.**—Sous Louis XIV.N. 224, 226 et 228.
4 pièces.

1806 **Tiers de thaler** de 1680, deux médailles de Louis XVI.
AR. 3 pièces.

1807. Ecus et double écu de Ferdinand et Léopold comme landgrave d'Alsace. n. 32, etc. 3 très-belles pièces.

1808. **Ecu et quart d'écu** de Léopold. —N. 31, etc.
3 belles pièces.

Colmar

1809. **Grand écu.** — DOMINE, etc. aigle. — R̸. MONETA NOVA COLMARIENSIS, etc. dessus, 1544. Pl. I. n. 3.
Rare et très-belle pièce.

1810. **Demi-écu.** — Même type. L'aigle à deux têtes. n. 8 et 11.
2 pièces rares et belles.

1811. Divisions de l'écu. n. 17 et 18. 1666 et 1669. 3 pièces.

Hagueneau

1812. **Ducat d'or.** — RVDOLP II etc. aigle. — ℞. AVRVM IMPERI CAMER HAGE. Ecu, dessus, 1609. Pl. II. Variété.
Très-rare et magnifique pièce.

1823. **Ecu ou thaler.** — FERDINANDVS, etc. Même type. n. 38.
Rare et très-belle pièce.

1814. **Demi-écu.** — LEOPOLDVS, etc. Même type. n. 39.
Rare et belle pièce.

1815. **12, 4 et 11 kreutzers** de Rodolphe Léopold.
5 rares et très-belles pièces.

Mulhouse

1816. **Ecu ou thaler.** — EX VNO, etc. Aigle. — ℞. MONETA NOVA MVLHVSINA. 1623, etc. Pl. III. n. 38. Rare et belle pièce.

Thann

1817. **Double thaler.** — S TEHOBALDVS, etc. Le saint assis.— ℟ MONETA, etc. Ecu, au-dessus, 1511. Pl. XII. n. 251.
Très-rare et superbe pièce.

1818. **6 Kreutzers.** — Même type. Pl. XIII, n. 268. 2 pièces.

1819. Demié-cu et divisions de Wissembourg Hannau. 13 belles pièces.

Neufchâtel.

1820. *Louis.* LVDOVICVS. Croix. — ℟. NOVICASTRI. Portail.
Rare et très-beau denier.

1821. *Henri de Longueville.* — Dixième d'écu, douzain, 1/2 douzain.
7 pièces.

1822. *Marie.* — Quart, huitième et seizième d'écu. 3 pièces.

Monnaies des Princes croisés.

Les citations sont faites d'après l'ouvrage de M. F. de Saulcy (1).

1823. **Antioche.** *Tancrède, Bohemond I.* — Pl. I. n. 9. Pl. III. n. 12 et pl. IV, n. 11. 3 pièces.

1824. **Edesse.** *Baudouin I et II.* — Pl. V, n. 7 et pl. VI, n. 1. 2 pièces.

1825. **Tripoli.** *Raymond II.* — Pl. VII, n. 1, 2, 3, 5. 4 pièces.

1826. *Id.* — *Bohemond VI.* — BOEMVNDVS, etc. Croix. — ℟. CIVITAS, TRIPOLI. Étoile. Pl. VII, fig. 1. Gros d'argent rare.

1827. *Id. Bohemond VII.* — SEPTIMVS BOEMVNDVS COMES. Croix. — ℟. CIVITAS TRIPOLIS SYRIE. Edifice. Pl. VIII, n. 5. Gros très-beau et rare.

1828. *Id.* — *Id.* — Même type. 1/2 gros très-beau et rare.

1829. **Chypre.** *Henri I.* — HENRICVS. Le roi debout. Pl. X, n. 3, Pièce d'or blanc, concave, trouée, rare.

1830. *Id.* — *Hugues III.* — H. REI, DE. Même type. Pl. X, n. 8. Pièce d'or blanc, concave, trouée, rare.

(1) *Numismatique des Croisades*, 1 vol. in-4°, avec 19 planches. Paris, 1867.

1831. *Id.* — *Henri II.* — HENRI REI DE. Le prince assis. Pl. x, n. 11, et 14. Gros et 1/2 gros, belle pièce.

1832. *Id.* — Denier au lion, du même roi. 2 pièces.

1833. *Id.* — *Hugues IV.* — HVGVE, DEI DE. Même type. Pl. XI, n, 2, 5 et 6. Gros et 1/2 gros, 3 pièces.

1834. *Id.* — *Pierre I et II.* — PIERE PAR LA GRACE DE DIEV. Le roi assis près du lis, ou écu au lion. Pl. XI, n. 7, 8 et 11. Gros 3 pièces.

1735. *Id.* — *Id.* Même type, mais avec légende barbare. 1/2 gros inédit.

1836. **Achaïe.** *Guillaume de Villehardouin, Charles d'Anjou.* — Pl. XIV, n. 8, 20, 21. Deniers 4 pièces.

1837. *Id.* — *Philippe de Savoie, Ysabelle de Villehardouin.* — Pl. XV, n. 6, 8, et 11. Deniers 4 pièces

1838. **Thebes.** *Gui de la Roche, Guillaume.* — Pl. XVII, fig. 7, 8, 12 et 15. Deniers 4 pièces.

Monaco.

1839. *II Henri.* — HONORATVS III. G. PRINCEPS MONOCI. Buste à droite. — ℞. DEG, etc. 1650, Croix formée de quatre H, cantonnée de quatre lis. Belle et rare pièce.

1840. *Id.* — **Grand écu d'argent.** — Même buste. — ℟. DVX, etc. 1648. Ecu. Belle et rare pièce.

1841. *Id.* — Même pièce, la tête plus vieille, 1653 et 1655. Belle et rare 2 pièce.

1842. *Louis I.* — *Id.* — LVD I. D. C, etc. Buste à droite. — ℟. Le même 1673. Rare et belle pièce.

1843. *Id.* — Même pièce avec la cravate, 1680. Rare.

1844. *Id.* — **Demi-écu.** Même type, 1683. Rare.

1845. *Antoine.* **Grand écu**. — ANT. I. D. G, etc. Buste avec la cravate. — ℟. AVXILIVM, etc. 1708. Ecu couronné. Rare.

1846. *Id.* — **Demi-écu.** — Même type, 1707. Rare.

1847. Division de l'écu de tous les règnes. AR et Æ 10 pièces.

Rhodes et Malte.

1848. *Pierre d'Aubusson.* — P D'ABISSA, etc. Croix. — ℟. S. IOANNS B. IERVL. St Jean Baptiste. Très-rare et beau denier.

1849. *Alof de Vigniacourt,* — F ALOFIVS. D. WIGNIACOURT MM. Ecu à trois lis avec lambel. — ℟. S. IO. B. ORA PRO NOBIS. Croix. Très-rare et beau denier.

1850. *Emmanuel de Rohan*, **Double sequin?** — F EMMANUEL DE ROHAN. M. M. Buste à droite. — ℟. HOSPITAL, etc. 1778. Deux écus ronds.

1851. *Id.* — **Écu d'argent.** — Daté 1789 et 1796. 2 pièces.

1852. *Id.* Demi et cinquième d'écu. 3 pièces.

Ducs de Savoie.

1853. *Charles Emmanuel*, **4 pistoles.** — CAR EM. D. G. DV X SAB. P. P. Buste à droite. — ℟. AVXILIVM, etc. 1605. Ecu couronné. Rare.

1854. *Louis*, *Emmanuel Philibert*. etc. Blancs deniers. 3 pièces.

1855. **Vaud.** *Louis.* — LVDOVIVCS. Croix cantonnée d'un besant et d'un trèfle. — ℟. DE, SABAVDIA. Temple. 2 pièces.

1856. *Id.* — *Id.* Même type, la croix cantonnée d'un croissant et d'un besant. Obole belle et rare.

1857. **Chablais.** *Aymon.* — DVX CHABLASII. Croix cantonnée de AIMO. — ℟. XRIANA RELIGIO. Temple. Autre sans les lettres AIMO. 2 deniers. rares.

....

ITALIE. Rome. Papes.

1858. *Adrien Ier*. — D. N ADRIANVS. P. P. Buste du pape accosté de I. B. — ℟. VICTORIA D. NN. Croix accostée de R. M. Promis, pl. I, n. 6. Très-rare et beau denier.

1859. *Benoist XII. Martin V. Pie II.* — Denier, etc. 5 pièces.

1860. *onnocent VIII, Alexandre VI.* — Le saint debout. Jules, 3 pièces.

1861. *Paul III.* — Teston de Boulogne et 8 autres pièces. 9 pièces.

1862. *Jules III, Paul IV.* — Double Jules et Jules. 5 pièces.

1863. *Pie IV. Pie V.* — Double Jules et Jules. 5 pièces.

1864. *Grégoire XIII.* — Teston et double Jules. 4 pièces.

1865. *Urbain VIII, onnocent X.* — Doubles Jules, etc. 4 pièces frustes.

1866. *Alexandre VII, Clément* oX. — Quart d'écu. Jules, etc. 6 pièces.

1867. *Clément X.* — La porte sacrée du Jubilé. Ecu beau.

1868. *Id.* — Ecu, demi-écu, Jules. 4 pièces.

1869. *onnocent XI.* — Ecu avec DEXTERA. Autre avec St Mathieu. 2 pièces belles.

1870. *Id.* — Division de l'écu. 4 pièces belles.

1871. *Alexandre VIII.* — Teston avec le saint, etc. 2 pièces.

1872. *onnocent XII.* — Grand écu, type varié. 3 pièces belles.

1873. *Id.* — Demi écu, etc. St Jean Baptiste le Pelican. 2 pièces belles.

1874. *Id.* — Demis-écus et divisions. 6 pièces belles.

1875. *Clément XI.* — FONTIS, etc. Fontaine. Grand écu beau.

1876. *Id.* — VABINI PATRONVS, etc. St Georges. Demi-écu beau.

1877. *Id.* — Demi-écu et division. 5 belles pièces.

1878. *Benoist XIII.* — Jules et double Jules. 2 pièces.

1879. *Clément. XII*— Demis et quarts et huitième d'écus. 6 belles pièces.

1880. *Benoist XIV.* — MDCCLIV, la vierge. Grand écu.

1881. *Id.* — Demi-quart et huitième d'écu. 4 pièces.

1882. *Pie VII.* — Ecu, type de la vierge, 2 carlins. 8 pièces.

1883. *Léon XII.* **Pistole.** — PRINCEPS, etc. St Pierre. Belle pièce.

1884. *Id.* — AVXILIVM, etc. La Vierge. Ecu, [illegible] pièces belles.

1885. *Pie VIII.* — Les deux saints debout. Ecu et 5e d'écu.

1886. *Grégoire XVI.* — Ecu et demi-écu. Ecu, 4 très-belles pièces.

1887. *Siège vacant* de 1669. — HILVXIT, etc. Ecu et quart d'écu. 2 pièces belles.

1888. *Id.* — de 1676. — DABITVR VOBIS, etc. Grand écu très-beau.

1889. *Id.* — de 1689. — ACCENDE, etc. Quart et huitième d'écu, 2 pièces.

1890. *Id.* — de 1691. — DOCERIT, etc. Quart d'écu. 2 pièces.

1891. *Id.* — de 1700 et 1730. — LVMEN, etc. Huitième d'écu. 3 pièces.

1892. *Id.* — de 1758. — Armes des Colonna. Écu et 1/2 écu.

1893. Pièce fruste d'argent et cuivre des Papes. 3 pièces.

1894. **Ancone**. — Deniers et doubles deniers. 9 belles pièces.

1895. **Benevent**. *Arigis.* — DNS VICTORIA. Buste de face. — ℟. VICTORV, etc. Croix A dans le champ. Sou d'or rare, 2 pièces très-belles.

1896. *Id.* — *Grimwald.* — GRIMVALD. Même type. Sou d'or et tiers de sou. 3 pièces.

1897. *Id.* — *Sico.* — SICO PRINCES. Buste de face. — ℟. ARCHANGELVS ONO MIHAC. Le saint de face. Sou d'or.

1898. *Sicard*. — Sou d'or et denier d'argent au monogramme.
2 pièces.

1899. **Camerino**. *Julien de Varano*. — IVLIA, etc. Ecu.
Ecu d'or rare.

1900. **Mantoue**. *Guillaume*. **Double pistole**. GVILLELMVS, etc. Buste à droite. — ℟. FERRAT, etc. Ecu. Rare.

1901. *Id*. — *Charles I*. **Grand écu**. — NEC RETROGRADIOR, NEC DEVIO. Signes du zodiaque. Pièce rare.

1902. *Id*. — *Ferdinand*. **Double pistole**. — Un buste à droite.
2 pièces variées.

1903. *Id*. — *Id*. — Même pièce, le buste à gauche.

1904. **Massa**. *Albéric Cibo*. — *Id*. Temple rond.
Rare et belle pièce.

1905. **Milan**. *Louis Marie*. **Teston**. — LVDOVICVS, etc. Buste à à droite. Très-belle pièce.

1906. *Id*. — *Philippe II*. **Pistole**. — PHI REX. HISPA ET C. Buste radié à droite. — ℟. MEDIOLANI DVX. Armes. Belle pièce.

1907. *Id*. — *Philippe IV*. **Double pistole**. — PHILIPPVS IIII. etc. Même type. 2 belles pièces.

1908. — **Parme et Plaisance**. — RACONDI REGIS SECONDVS. — ℟. DE PLACENCIA (CIA) dans le champ. Denier à fleur de coin.

1909. *Id*. — *Alexandre Farnèse*. **Double pistole**. — ALEX FAR, etc. Buste à gauche. — ℟. PLACENTIA FLORET, 1599. Louve. Belle pièce.

1910. *Id.* — *Id.* — Même pièce, 1612. Belle pièce.

1911. *Id.* — **Grand écu d'argent.** — Buste à droite. — ℟. PLACENTIA, etc. 1589. Très-belle pièce.

1912. **Naples et Sicile.** *Alphonse.* — Carlin. 3 belles pièces.

1913. *Id.* — *Ferdinand I* et *II.* — Ecu et demi-écu. 5 pièces.

1914. **Sienne.** — Grand et petit denier. 2 belles pièces.

1915. **Etrurie.** *Charles Louis et sa mère, Léopold II.* — Ecu et florin. 3 pièces.

1916. **Marquis de Saluces.** *Louis.* **Sequin.** — LVM SALVTIAR. Buste à gauche. — ℟. SANCTVS CONSTANTI. Armes accostées de L. M. Très-belle pièce.

1917. *Id.* — *Id.* — Même pièce trouée et martelée.

1918. *Id.* — *Id.* — Teston mince avec St. Constantin à cheval.

1919. *Id.* — *Michel Antoine.* **Ecu d'or.** — MICHAEL ANT, etc. Aigle. — ℟. XPS, etc. Croix fleurdelisée. Très-belle pièce.

1920. *Id.* — *Id.* — Même pièce, un peu moins belle.

1921. *Id.* — *Id.* — Même pièce avec St. Constantin à cheval. Rare.

1822. *Id.* — *Id.* — Testons au même type, et pièces de billon et cuivre. 6 pièces.

1923. *Id.* — *Marguerite.* **Grand écu** (plutôt médaille) MARGARITA DE FYXO, etc. Buste voilé à gauche. — ℟. DEVS PROTECTOR, etc. Ecu suspendu à un arbre.
Très-rare et superbe pièce.

1924. *Id.* — *Gabriel.* — GABRIEL, etc. Grand B. — ℟. Croix.
Très-beau liard.

1925. **Deciane.** — Type du gros de Nesle. Ecu faux, etc. 4 pièces.

Allemagne. — Pays-Bas, etc.

1926. **Florins** de Clèves. — Trèves, Utrecht, Luxembourg, Hongrie, etc. 8 belles pièces.

1927. **Ecu, demi-écu**, etc. — D'Allemagne et Pays-Bas, etc.
9 pièces.

1928. Pièce de billon et de cuivre, de Clèves, Trèves, Luxembourg, etc. 42 pièces.

1929. Lot de mêmes pièces. 20 pièces.

Espagne, etc.

1930. *Sanche, Pierre, Henri.* Denier 8 pièces.

1931. *Henri IV.* **Ecu d'or.** — HENRICVS QVARTVS. Le roi assis de face. — ℟. HENRICVS DEI GRATIA REX C. Champ écartelé de lions et deux châteaux. Rare.

1932. *Ferdinand et Isabelle.* — Double écu aux deux têtes. 2 pièces.

1933. *Charles-Quint.* **4 florins.** — CAROLVS V ROM. IMP. A FELICIIS, ET TRIVMPH. AVGV. Buste de roi drapé avec chapeau plat à droite. — ℟. COLLATA IN SIG. A. CAR. V. ROM. IMP. HILD. AO. 1528 (frappée à Hildesheim). Belle et rare pièce.

1934. *Id.* — **Ecu d'or.** — CAROLVS, etc. Buste de face. — ℟. DA-MICHI, etc. Ecu frappé en Flandre.

1935. *Philippe.* — Double pistole. Pistole et demi-pistole à la croix potencée. 4 pièces.

1936. **Gironne et Barcelonne.** Ferdinand VII. Ecu. 2 pièces.

1937. Pièces diverses d'argent, billon et cuivre. 20 pièces.

Angleterre.

1938. *Henri II. Edouard III, Henri VII, Henri VIII.* — Gros et Esterlings. 13 pièces.

1939. *Edouard III.* **Noble.** — EDWARD, etc. Le roi sur un navire. — ℞. INC AVTEM. Croix, E au cœur. Très-belle pièce.

1940. *Henri IV* (*Id.*). — HENRIC. Même type, H au cœur de la croix.

1941. **Demi et quart de noble.** 3 pièces.

1942. *Richard II.* **Noble** — RICARD DI GRA. Même type, avec R. Rare et très-belle pièce.

1943. *Henri V* (*Id.*). — HENRIC. Lis après HENRIC. Même type, avec H. 2 pièces.

1944. *Id.* — **Demi et quart de noble.** 3 pièces.

1945. *Edouard IV.* **Noble.**— EDWARD, etc. Type des nobles, une rose au centre de la croix du revers. Rare et belle pièce.

1946. *Richard III?* **Noble.** — RICARD DEI GRA. — Même type. Rare et belle pièce.

1947. *Henri VII?* **Angel d'or.** — HENRIC, etc. L'archange Michel. Belle pièce.

Monnaies obsidionales.

1948. **Brisach** (18 batzen). — MONO VASTALS ET BRISIACAE INDEX en cinq lignes. — ℟. Trois écus, dessus 1633, et XLVIII. Argent. 2 pièces.

1949. **Casal.** — CAROLVS, D, G DVX MANTVAE VIII, dans le champ, CASALIS IN OBSIDE INIVSTA, 1628. — ℟. ET MONTISFERATIVI ET. C. Ecu. Très-rare et superbe pièce.

1950. **Dantzig.** — DEFENDE, etc. Buste de Christ. — ℟. MONETA, etc. Ecu. Grand écu rare.

1951. **Franckenthal** (15 batzen). — FRANCKENTHALER NOTH. M. 1623, dans le champ, BATZ XV. Argent.

1952. *Jean-Georges* (Contre le cardinal de Lorraine). — Trois écus accostés de 1592. Argent, 40 kreutzers rares.

1953. **Saltzbourg.** — S RADBERTVS, etc., le saint assis, au bas 1/9. — ℟ MAX, etc. Armes surmontées du chapeau du cardinal. Argent.

1954. **Suède.** *Eric XIV.* — Ecu avec ER accosté de 16 OR. — ℟ Ecu aux trois couronnes, accosté de 1564. Argent.

1955. **Sion.** — S. THEODOLVS, 1594. Buste de face. — ℟. HILTEBRANDVS. D. R. E. S. Trèfles et deux Etoiles. Argent.

1956. **Ulm**. — Armes de la ville. — ℟. NOMVS AUREVS REIPVB. LMENSIS, 1601. Pièce de six florins d'or.

1957. *Id.* — DA PACEM, etc. Aigle. — ℟. MONETA ARGENT REIP VLMENSIS. Ecu. Florin d'argent.

1958. **Vienne**. — TVRK BLEGERT WIEN, 1529. — ℟ Croix cantonnée de quatre écussons. Argent.

1959. **Worms**. — MON NOV LIB IMP CIVIT VORMS. Ecu avec une clef. — ℟. SVB, etc. Aigle à deux têtes, 1617. Argent.

1960. **Zélande**, 1574. — LIBERT REST. S. P. Q. ZEL. SOLI. DEO HONOR, en cinq lignes. — ℟. Lisse. Argent, rare et très-belle pièce.

1961. Sous ce numéro seront vendus quantité de lots de monnaies d'argent, de billon et de cuivre françaises et étrangères, jetons d'argent et cuivre, etc., etc.

1962. Une grande collection de médailles papales en bronze. Très-belles, frappes modernes. Cette collection sera divisée en plusieurs lots.

1963. Bulles en plomb des Papes. 30 pièces.

1664. Plusieurs lots de grandes médailles d'argent de Louis XV, Louis XVI, la République, Louis XVIII, Louis-Philippe, etc,

1965. Divers lots de médailles de bronze du même règne.

1966. Reproductions de sceaux royaux, etc., en bronze. 8 pièces.

Monnaies romaines.

Consulaires.

1967. *Aburia, Acilia, Ælia, Æmilia, Antestia, Antonia.* 22 pièces AR.

1968. *Antonia.* Légions II, III, IV, V, VI, VII, VIII, IX, X, XI, XII, XIII, XV, XIX, XX, XXIII. 16 pièces AR.

1969. *Aquilia, Atilia, Baebia, Caecilia, Caesia, Calidia, Calpurnia.* 17 pièces AR.

1970. *Caesia, Cassia, Cipia, Claudia.* 20 pièces AR.

1971. *Caelia, Considia, Coponia, Cordia, Cossutia, Crepusia.* 4 pièces AR.

1972. *Cornelia, Cupienia, Domitia.* 15 pièces AR.

1973. *Egnatia, Egnatuleia, Eppia, Fabia, Fannia, Farsuleia, Flaminia, Fonteia, Furia.* 13 pièces AR.

1974. *Hirtia,* C, CÆSAR, COS, ITER. Tête voilée. — ℞. A HIRTIVS, hache, etc. OR.

1975. *Hostilia, Junia, Licinia, Lirineia.* 15 pièces AR.

1976. *Lucilia, Lucretia, Maria, Memmia, Minucia.* 16 pièces AR.

1977. *Mussidia, Nonia, Norbana, Opeimia, Papia, Papiria, Pinaria, Petilia, Petronia.* 15 pièces AR.

1978. *Plaetoria, Plancia, Plautia, Poblicia, Pompeia.* 15 pièces AR.

1979. *Pomponia, Porcia, Postumia.* 16 pièces AR.

1980. *Procilia, Quinctia, Roscia, Rubria, Rustia, Rutilia, Sanquinia, Satriena, Scribonia, Sentia.* 16 pièces AR.

1981. Sentia, Sergia, Sicinia, Thoria, Titia. Tituria, Tullia. 14 pièces AR.

1982. *Valeria, Vargunteia, Veturia, Vibia, Volteia* etc. 14 pièces AR.

1983. Pièces doubles des familles ci-dessus. 14 pièces AR.

Empereurs Romains.

1984. *Jules César et Auguste.* — Lyon, Vienne, etc. 3 GB.

1985. *Id.* — Pièces variées de la famille Julia. 9 pièces AR.

1986. *Lépide et Octave.* — Les deux têtes. AR.

1987. *Marc Antoine.* — Tête du soleil, etc. AR. 2 pièces.

1988. *Auguste.* — CAESAR AVGVSTVS. Deux branches d'olivier. OR. Belle pièce.

1989. *Id.* — AVGVSTVS. Capricorne. OR. Belle pièce.

1990. *Id.* — MAR VLT. Temple de Mars. OR. Belle pièce

1991. *Id.* — IMP. X. Taureau cornupète. OR. Belle pièce.

1992. *Id.* — CL. CAESAREI, etc. Caius et Lucius debout. OR.

1993. *Id.* — AVGVSTVS. Autel avec deux cerfs. AR. Médaillon.

1994. *Id.* — Monnaie d'argent revers variés. 31 pièces.

1995. *Id.* — Grands et moyens bronzes variés. 31 pièces.

1996. *Livie, M. Aggrippa, Tibère.* — Argent et MB et PB. 12 pièces.

1997. *Drusus* junior, *Drusus* senior, Antonia, *Nero* et *Drusus*, *Germanicus*, *Agrippine*, *Caligula.* — Grands et moyens br. 13 pièces.

1998. *Claude et Agrippine.* — TI CLAVD, etc. Tête de Claude. — ℟. AGRIPPINAE, etc. Tête d'Agrippine. OR. Belle pièce.

1999. *Néron.* — PON MAX TRP VI COS I I. I I. Couronne. EX S C. OR.

2000. *Claude, Néron, Galba.* — Pièces d'argent et de bronze. 8 p.

2001. *Othon.* — SECURITAS PR. La Sécurité debout. AR. Belle pièce.

2002. *Vitellius.* — 1 pièce AR et 1 moyen bronze. 2 pièces.

2003. *Vespasien.* — 14 pièces AR, GB, 1 MB. 16 pièces.

2004. *Titus.* — 1 pièce AR, 1 GB, 2 MB. 4 pièces rares.

2005. *Domitien.* — 8 pièces AR, 1 GB, 1 MB. 10 pièces.

2006. *Nerva.* — 4 pièces AR, 1 GB, 2 MB. 7 pièces.

2007. *Trajan.* — SALVS GENERIS HUMANI. Femme debout. *Id.* 9. OR.

2008. *Id.* — 14 pièces AR, 2 GB, 2 MB. du même règne. 18 pièces.

2009. *Hadrien.* — Monnaies d'argent revers variés, plusieurs rares. 18 pièces.

2010. *Id.* — grands et moyens bronzes revers variés. 9 pièces.

2011. *Sabine, Ælius.* — 4 pièces AR. et un MB. 5 pièces.

2012. *Antonin.* — Monnaies d'argent revers variés. 19 pièces.

2013. *Antonin.* — Grands et moyens bronzes. 6 pièces.

2014. *Faustine mère.* — 12 pièces AR. 2 MB. 14 pièces.

2015. *Marc-Aurèle.* — 6 pièces AR, 4 GB, 3 MB. 13 pièces.

2016. *Faustine jeune.* — VENVS. Vénus debout à gauche.
OR très-belle pièce.

2017. *Faustine.* — 7 pièces AR et un GB. 8 pièces.

2018. *Verus.* — 2 pièces AR et un GB beau. 3 pièces.

2019. *Lucille.* — 4 pièces AR et un GB. 5 pièces.

2020. *Commode.* — 2 pièces AR et 1 GB. — *Crispine*, 3 pièces. 6 pièces.

2021 *Dide Julien.* — P. M. TR. P. COS. La Fortune debout, etc. 3 GB.

2022. *Scantilla.* — IVNO REGINA. Junon debout. GB. beau.

2023. *Id.* — Même pièce, beaucoup moins belle.

2024. *Albin.* — Deux pièces AR, 1 GB, 1 MB. 4 pièces.

2025. *Septime-Sévère.* — 19 monnaies AR et un GB, revers variés.
20 pièces.

2026. *Julia Domna.* — 4 pièces argent, 3 grand module. 4 pièces.

2027. *Caracalla, Plautille, Geta.* — 9 pièces AR et 2 MB. 11 pièces.

2027 *bis. Macrin.* — 2 grands bronzes et un moyen bronze. 3 pièces.

2028. *Diadumenien.* — PRINC IVVENTVTIS. Maxime debout.
AR. Belle pièce.

2029. *Elagabale, Soæmias, Maesa,* monnaies d'argent. 9 pièces.

2031. *Sevère Alexandre.* — 7 pièces AR, 3 GB. 10 pièces.

2032. *Orbiana, Mamée.* — 1 pièce AR, 2 GB, un MB. 4 pièces.

2033. *Maximin, Pauline.* — Maxime, 2 pièces AR, un GB. 7 pièces.

2034. *Gordien d'Afrique.* PROVIDENTIA AVG. La Providence.
GR. Retouche.

2035. *Gordien III.* — 30 pièces de billon variées et 3 GB.
33 pièces.

2036. *Philippe père.* — 16 billons variés et 3 GB. rares. 19 pièces.

2037. *Otacilie.* — 7 billons et deux grands bronzes. 9 pièces.

2038. *Philippe fils.* — 4 billons et un grand bronze. 5 pièces.

2039. *Trajan Dèce.* — 13 billons et un médaillon de bronze
14 pièces.

2040. *Etruscille.* — 6 billons et un grand bronze. 7 pièces.

2041. *Etruscus.* — PRINC IVVENT, Etruscus debout. 3 GB.

2042. *Hostilien.* — même légende, deux variétés de type. 3 GB.

2043. *Valérien, Gallien, Postume.* — Grand bronze. 4 pièces.

2044. *Gallus, Volusien, Mariniana, Gallien, Salonine, Valérien. jeune, Postume, Marius, Victorin.* Billons variés.

2045. *Dioclétien.* — VIRTVS MILITVM. Quatre figures devant un camp. AR. belle pièce.

2046. *Constance Chlore.* — Même type. AR. belle pièce.

2047. *Valeria.* — VENERI VICTRICI. Vénus debout. MB.

2048. *Constance II.* — CONSTANTIVS AVG. Quatre enseignes. — ℟. CONCE II. AR. Médaillon fracturé.

2049. *Valens.* VICTORIA AVG. Deux empereurs soutenant le globe. Or.

2050. *Valentinien I.* — PAX PERPETVA. Victoire assise écrivant sur un bouclier VOT V MVLT X. Poids 1 gr. 5 décigrammes. Or, tiers de sou, rare et belle pièce.

2051. *Gratien.* VRBS ROMA. Rome assise. AR.

2052. *Valentinien II.* — VOT XV MVLT XX. Dans une couronne. AR. Médaillon.

2053. *Valentinien III.* — Croix dans une couronne. OR. Tiers de sou.

2054. *Justin II.* — VICTORIA AVGGG. Rome assise. OR.

2055. *Maurice Tibère.*— VICTOR TIBERI AVG. Croix. Or. Tiers de sou.

2056. *Heraclius I, Constant II.* — VICTORIA AVG. Croix. OR. 2 pièces frustes.

2057. *Théodose III.* — AMENITAS DEI en trois lignes. AR. Très-rare et superbe pièce.

2058. *Constantin V.* — CONSTANT. Buste de Constantin des deux côtés. OR. Quinaire.

2059. Sous ce numéro, seront vendus quantité de lots de monnaies romaines en grand, moyen et petit bronze.

2060. Un grand et beau médailler plaqué en acajou avec 210 tiroirs garnis de cartons en papier velouté vert, pour grands et moyens bronzes, et divisions pour médailles artistiques, etc. Ce meuble peut contenir au moins 10,000 médailles.

Cette feuille ayant été tirée sans les corrections, MM. les Amateurs sont priés de substituer celle-ci à celle du Catalogue broché.

C. R. et F.

LIVRES DE NUMISMATIQUE

D'ARCHÉOLOGIE, ETC.

Numismatique.

2061. **Bouteroue**. — Recherches curieuses sur les monnaies de France, 1 vol. in-folio, relié, tranche dorée,

2062. **Bizot**. — Histoire métallique de la république de Hollande, 1 vol. in-fol. 1688.

2063. **Conbrouse**. — Monnaies nationales de France, 1 vol. in-4, de texte et planches broché.

2064. **Cardonnel**.—Numismata Scotorum, 1 vol. in-4, 1786, 1/2 rel.

2065. **Conbrouse** et **Fougères**. — Monnaies royales de France, seconde race, 1 vol. in-4, planche.

2066. **Duby** — Traité des monnaies des Prélats et Barons suivi du recueil de pièces obsidionales et de nécessité, 3 vol. in-fol., belle relieure.

2067. **Fleurimont**. — Médailles du règne de Louis XV, 1 vol. in-fol. relié.

2068. **Havercamp**. — Médailles de grand et moyen bronze du cabinet de la reine Christine, 1 vol. grand in-fol. relié.

2069. **Hennin**. — Histoire numismatique de la révolution française, Paris, 1826, 2 vol. grand in-4, planches 1/2 reliure.

2070. **Le Blanc**. — Traité historique des monnaies de France, sans la dissertation, 1 vol. in-4, relié, manque un titre.

2071. **Lelewel**. — Numismatique du moyen âge, 2 vol., 8 broch. et atlas in-4.

2072. **A de Longpérier**. — Essai sur les médailles des rois perses, de la dynastie sassanide, Paris, 1840, 1 vol. in-fol. planches

2073. **Millin**. — Histoire métallique de Napoléon, 1 vol. in-4, planches

2074. **Mionnet**. — De la rareté et du prix des médailles romaines, 1 vol., 8 première édition.

2075. **Molinet**. Cabinet de Sainte-Geneviève, 1 vol. in-folio, 1691, rel.

2076. **Oiseli**. Thesaurus Numismatum, etc. Amsterdam, 1692, 1 vol. in-4°.

2077. **Renesse-Breidbach**. Histoire numismatique de l'évêché de Liège, 1 vol. in-8° et planches, broché.

2078. **De Saulcy**. Essai de classification des suites Byzantines, 1 vol. in-8° est atlas in-4°, broché.

2079. **Spanheim**. Les Césars de l'empereur Julien, avec figures de B. Picard, 1 vol. in-4°.

2080. **Vaillant**. Numismata imperatorum romanorum, etc., Paris, 1743, 3 vol. in-4°, reliés.

2081. Id. Numismata aerea imperatorum Augustorum in colonis, etc., 2 vol. in-folio reliés en un seul vol.

2082. **Khell**. Supplément aux monnaies impériales de Vaillant, 1 vol. in-4°, broché.

2083. **Visconti**. Iconographie grecque, 3 vol. in-4° et 1 vol. in-folio de planches, belle reliure, tranches dorées.

2084. **Van-Loon**. Monnaie des Pays-Bas, 5 vol. in-folio, brochés.

2085. — Promptuaire des médailles, 1 vol. in-4°, 1578, relié.

2086. — Médailles du règne de Louis-le-Grand, 1 magnifique colume grand in-folio, belle reliure, tranche dorée.

2087. **Van Loon** Groschen cabinet, Leipsick, 1749, etc., 4 vol. in-12, reliés.

2088. — Recueil d'ordonnances royales sur les monnaies, Paris, 1540 et 1519, 1 vol. in-12, rare.

Archéologie etc.

2089. **Bergier**. — Histoire des grands chemins de l'Empire Romain. 2 vol. in-4. Bruxelles 1728, reliés en 1 vol.

2090. **Bry** (G). — Histoire du pays et comté du Perche et duché d'Alençon. 1 vol. in-4, Paris 1620, relié.

2091. **D. Clément**. — Art de vérifier les dates, faits historiques, etc. 3 vol. in-4, très-bel exemplaire relié.

2092. **Dauville.** — Notice sur l'ancienne Gaule. Paris 1760. 1 vol. in-4, relié.

2093. **Baudelot**. — Histoire de la ville de Beaune, Dijon, 1772. 1 vol. in-4, relié.

2094. **Grivaud**. — Antiquités gauloises et romaines trouvées au Palais du Sénat. Paris, 1807. 1 cahier in-folio.

2095. **Millin**. — Antiquités nationales. Paris, 1790. 6 vol. in-4. Belle demi-reliure.

2096. **Montfaucon**. — L'antiquité expliquée, suivie des monuments de la monarchie française en tout 20 volumes in-folio. Rare et très-bel exemplaire.

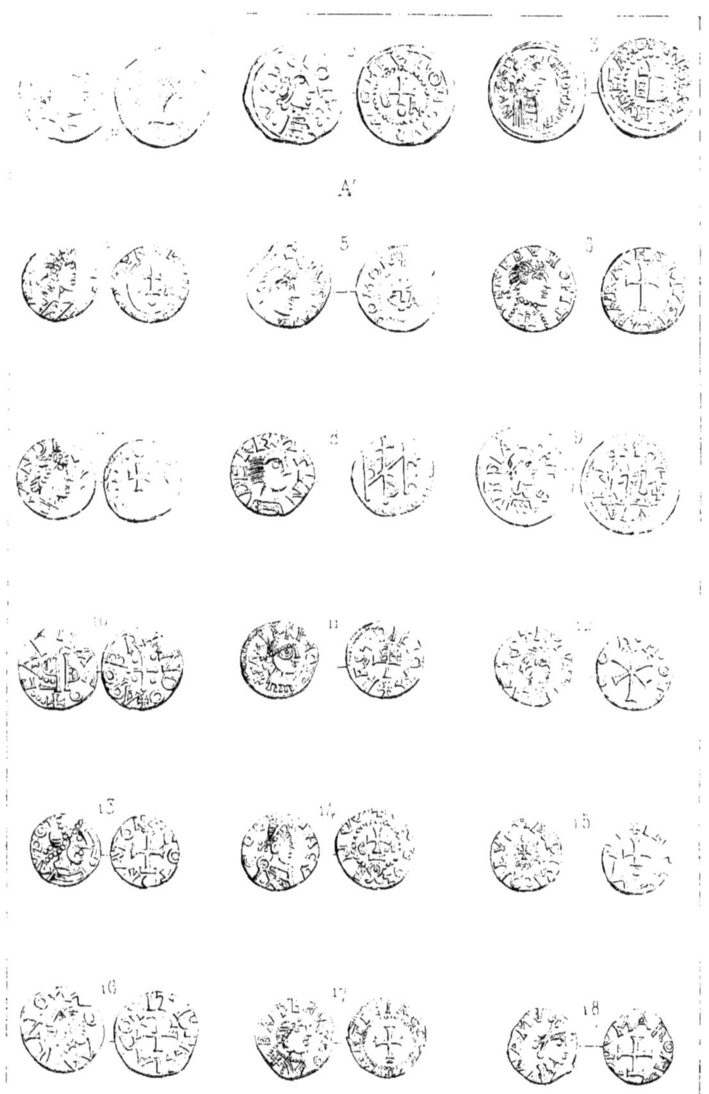

Paris Imp. Ch. Chardon aîné

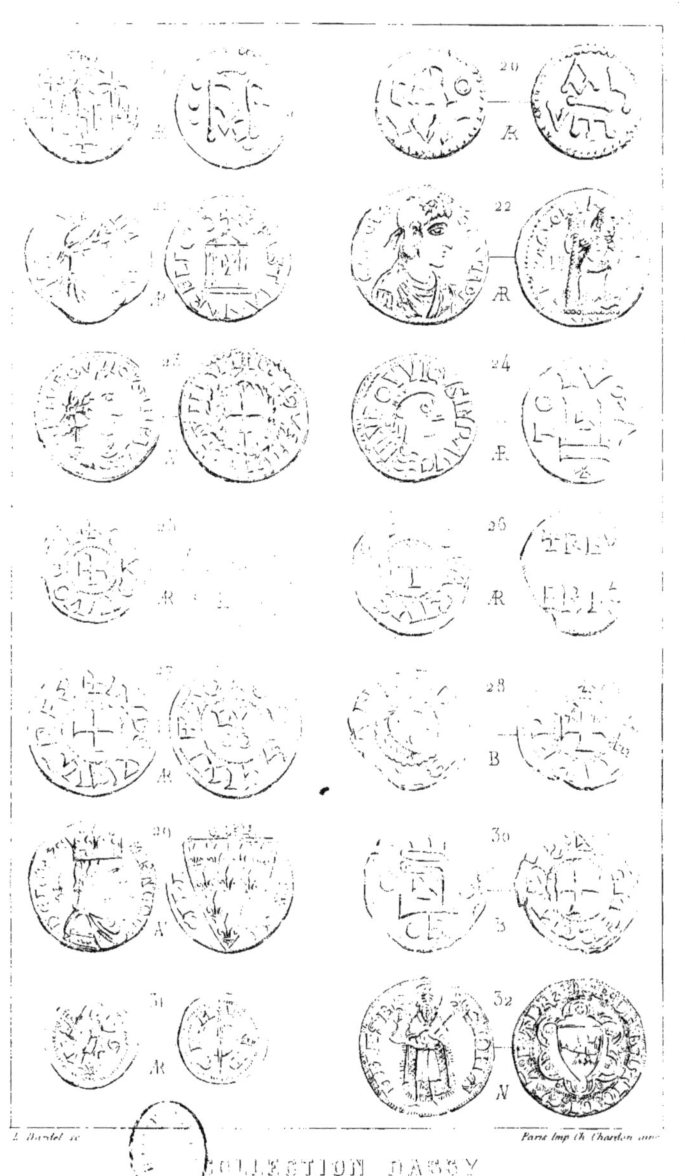

COLLECTION DASSY

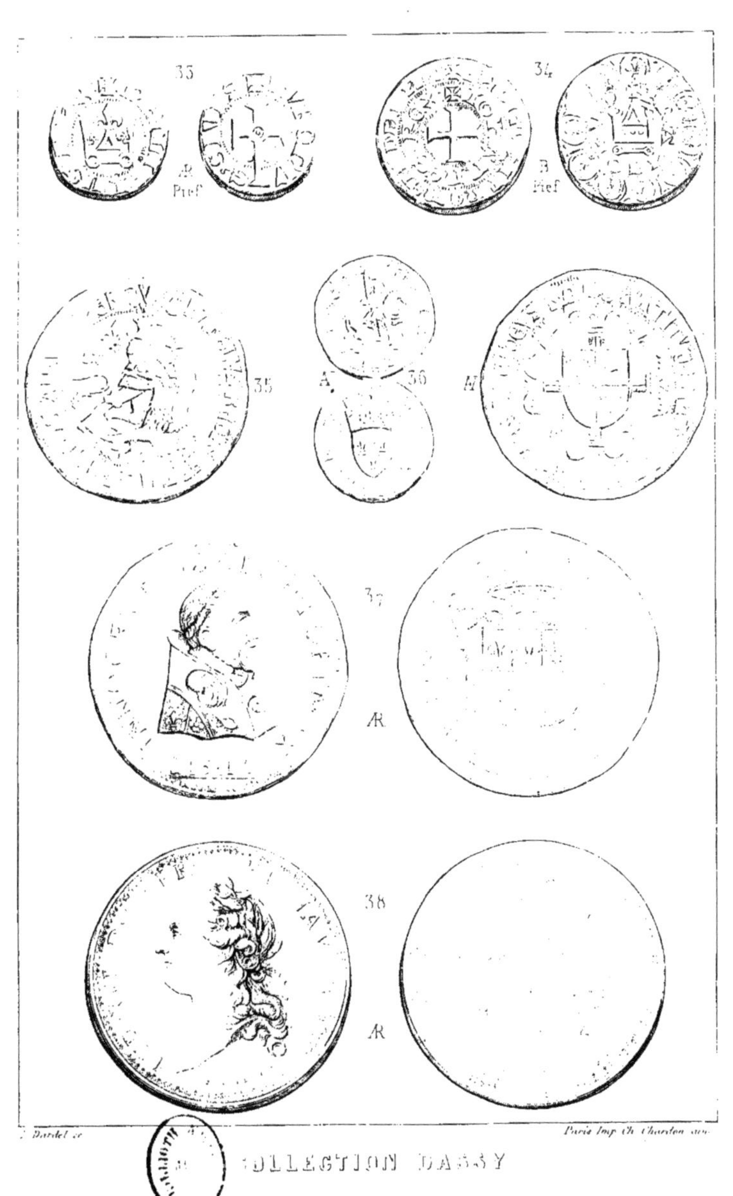

J. Dardel sc.

Paris Imp. Ch. Chardon aîné

2097. **Sauvagerie** (de la). — Recueil d'antiquités de la Gaule. Paris, 1770. 1 vol. in-4, planche relis.

2098. **Scevole et Louis de Ste Marthe**. — Histoire généalogique de la maison de France. Paris, Picard 1619. 2 vol. in-4. reliés.

2099. La légende dorée ou *Vie des saints et saintes*, Paris, 1597. 1 vol. in-folio. Gothique, 232 feuillets, reliure du temps.

Paris. — Impr. A.-E. Rochette, boulevard Montparnasse, 72-80

www.ingramcontent.com/pod-product-compliance
Ingram Content Group UK Ltd.
Pitfield, Milton Keynes, MK11 3LW, UK
UKHW021135260726
13994UKWH00001B/149